"十三五"规划民航特色专业统编教材

民航客票销售实务

MINHANG KEPIAO XIAOSHOU SHIWU

主编 辜英智 刘存绪 魏春霖

四川大学出版社

责任编辑:曾　鑫
责任校对:孙滨蓉
封面设计:墨创文化
责任印制:王　炜

图书在版编目(CIP)数据

民航客票销售实务 / 辜英智,刘存绪,魏春霖主编.
—成都:四川大学出版社,2017.8
"十三五"规划民航特色专业统编教材
ISBN 978-7-5690-1112-8

Ⅰ.①民… Ⅱ.①辜… ②刘… ③魏… Ⅲ.①民用航空－旅客运输－售票－中国－高等学校－教材
Ⅳ.①F562.5

中国版本图书馆 CIP 数据核字(2017)第 208820 号

书　名	民航客票销售实务
主　编	辜英智　刘存绪　魏春霖
出　版	四川大学出版社
地　址	成都市一环路南一段24号(610065)
发　行	四川大学出版社
书　号	ISBN 978-7-5690-1112-8
印　刷	郫县犀浦印刷厂
成品尺寸	185 mm×260 mm
印　张	10.25
字　数	166 千字
版　次	2017 年 12 月第 1 版
印　次	2019 年 7 月第 2 次印刷
定　价	25.00 元

◆读者邮购本书,请与本社发行科联系。
电话:(028)85408408/(028)85401670/
(028)85408023　邮政编码:610065

◆本社图书如有印装质量问题,请
寄回出版社调换。

◆网址:http://press.scu.edu.cn

■版权所有◆侵权必究

"十三五"规划民航特色专业统编教材编写指导委员会

主　　编：辜英智　刘存绪　魏春霖

编　　委：李筱泸　顾建庄　杨　军　刘志惠
　　　　　罗娅兰　李清霞　冷　静　胡启潮
　　　　　马秀英　黄孟颖　王俊雷　李　目
　　　　　魏　薇　王　平　吴　易　石文娟
　　　　　魏　庆　黄怡川　陈　刚　何珊珊
　　　　　张　闪　罗致远　李宛融　王志鸿
　　　　　李潇潇

前　言

　　2017年2月，中国民用航空局、国家发展和改革委员会、交通运输部联合发布了《中国民用航空发展第十三个五年规划》，明确了"十三五"时期民航发展的五大任务，包括确保航空持续安全，构建国家综合机场体系，全面提升航空服务能力，努力提升空管保障服务水平，以改革创新推动转型发展等。随着中国民航业的高速发展，民航服务人才需求量增大，民航服务专业就业前景广阔。为培养具有较高专业应用水平，综合素质优秀，熟练掌握民航服务理论和基本技能，符合民航业发展需要的复合型、技能型、应用型的高级航空服务专业人才，在大力发展高等职业教育的同时，各级部门和高等院校重视发挥教师的积极性与创造性，鼓励和支持教师编写具有高职教育特色和民航服务特色的教材。

　　四川东星航空教育集团从2007年创建伊始，就致力于为中国民航培养高素质的航空服务类专门人才。集团旗下的成都东星航空旅游专修学院汇集了一大批热爱民航的专兼职教师，聘请了行业专家指导办学。2011年，学院组织校内教师及校外专家学者，编写了"十二五"规划航空服务专业共计14门课程的统编教材，由四川大学出版社正式出版发行。这套教材在使用过程中，得到了广大师生与同业专家的一致好评。但是，伴随着我国民航业突飞猛进的发展，"十三五"规划对我国民用航空发展提出了新理念、新要求，人民群众对航空安全便捷出行方式有了新期盼，原有教材已不能满足新时代对航空人才培养的需求。

　　2016年，四川东星航空教育集团成立了"十三五"规划民航特色专业统编教材编委会，启动了对"十二五"规划航空服务专业统编教材的全面修订工作。按照"理论联系实际，图文并茂，与时俱进，科学发展"的

思路，经过近一年多的辛勤工作，这套"十三五"规划民航特色专业统编教材即将付梓，由四川大学出版社正式出版。本系列教材包括《民航服务概论》《民航服务礼仪》《民航实用英语》《民航服务心理学》《民航安全检查基础》《民航物流基础概论》等16种，参与编纂的人员有李筱泖、顾建庄、杨军、刘志惠、罗娅兰、李清霞、冷静、胡启潮、马秀英、黄孟颖、王俊雷、李目、魏薇、王平、吴易、石文娟、魏庆、黄怡川、陈刚、何珊珊、张闪、罗致远、李宛融、王志鸿、李潇潇等。辜英智、刘存绪、魏春霖对全书进行了审读、统稿并定稿。

在本系列教材的编写过程中，四川大学出版社的编辑提出了许多宝贵的意见，航空业界的学者与同行专家提供了有益的思路，相关学者的文章和专著提供了实用的信息，在此一并致以诚挚的谢意。相对于我国高速发展的民航服务业，本书还难以概其全貌，疏漏不妥之处在所难免，恳请读者批评指正。

编写组

2017 年 8 月

目 录

第一章 中国民航代理人分销系统简介 ……………………… (001)
  第一节 CRS、ICS、DCS 之间关系 ………………………… (001)
  第二节 CRS 系统提供的分销功能 ………………………… (002)

第二章 客票销售基础 ……………………………………… (005)
  第一节 民航旅客运价 ……………………………………… (005)
  第二节 国内客票简介 ……………………………………… (008)
  第三节 航空客票销售系统 ………………………………… (010)
  第四节 常用专业术语 ……………………………………… (012)

第三章 系统注册 …………………………………………… (015)
  第一节 进入系统 …………………………………………… (015)
  第二节 修改登录密码 ……………………………………… (018)
  第三节 临时退出系统、恢复临时退出 …………………… (019)
  第四节 完全退出系统 ……………………………………… (021)
  第五节 工作号、终端号、部门代号 ……………………… (022)
  第六节 国内三字代码 ……………………………………… (023)

第四章 航班信息查询 ……………………………………… (026)
  第一节 查询当前航班销售情况 AV ……………………… (026)
  第二节 航班周期查询 ……………………………………… (031)
  第三节 FF 航班经停查询 ………………………………… (033)
  第四节 FD 国内票价查询 ………………………………… (033)
  第五节 NFD 特价查询指令 ……………………………… (038)
  第六节 CNTD 等常用查询指令 ………………………… (040)

第五章　旅客订座记录 (044)
第一节　PNR 概述 (044)
第二节　订座行动代码及其含义 (047)
第三节　订座指令解析 (049)
第四节　单程客票预订详解 (051)
第五节　多段行程预订 (056)
第六节　儿童客票的规则及预订 (057)
第七节　婴儿客票 (060)
第八节　团队客票 (063)

第六章　PNR 的操作和修改 (068)
第一节　散客 PNR 的生效 (068)
第二节　PNR 的提取 (071)
第三节　PNR 的修改和取消 (074)
第四节　PNR 的分离 (078)
第五节　团体 PNR 座位的分离和取消 (082)

第七章　电子客票出票 (085)
第一节　电子客票状态提取 (085)
第二节　电子客票的出票 (088)
第三节　出票重试指令 ETRY (094)
第四节　电子客票的改期 (095)
第五节　电子客票的挂起和解挂 (098)
第六节　电子客票销售统计指令 TSL/TPR (099)
第七节　电子客票退票 (102)

第八章　电子客票的打印 (106)
第一节　配置电子客票打印机 (106)
第二节　什么是票号控制 (110)
第三节　如何进行票号控制 (111)

附录 1　CRS 系统指令英文全称 (121)
附录 2　ETERM 指令出错指引 (124)
附录 3　常用机型 (127)

附录4　常用国内三字代码…………………………………………（129）
附录5　国内各航空公司及代码……………………………………（136）
附录6　亚洲主要城市三字代码……………………………………（138）
附录7　欧洲主要城市三字代码……………………………………（141）
附录8　北美洲主要城市三字代码…………………………………（144）
附录9　大洋洲主要城市三字代码…………………………………（150）
附录10　非洲主要城市三字代码……………………………………（151）
参考文献……………………………………………………………（153）

第一章　中国民航代理人分销系统简介

GDS，全称是 Global Distribution System，即全球分销系统，是基于计算机技术支持下的大规模销售网络。中国民航 GDS 系统简称 ETERM（中航信 Travelsky）。

中国民航信息网络股份有限公司（以下简称中国航信）建成以中国民航商务数据网络为依托，订座系统［包括代理人分销系统（CRS）和航空公司系统（ICS）］、离港系统、货运系统三个大型主机系统为支柱的发展格局。主机系统已发展成为中国最大的主机系统集群，担负着中国民航（包括国内所有航空公司）重要的信息处理业务。

第一节　CRS、ICS、DCS 之间关系

一、代理人分销系统（CRS）

计算机预订系统（Computer Reservation System，CRS），即我们使用的代理人机票售票系统，用于代理人航班预订，可提供信息查询、航段销售、订座记录、机上座位预订等服务。

二、航空公司系统（ICS）

航空公司系统（Inventory Control System，ICS），即航空公司人员使用的航空公司订座系统。主要功能是建立、控制和销售航班。ICS 是一

个集中式、多航空公司的系统。每个航空公司享有自己独立的数据库、独立的用户群、独立的控制和管理方式,各种操作均可以加以个性化,包括班期、运价、可利用情况、销售控制参数等信息和一整套完备的订座功能引擎。

三、离港系统（DCS）

离港系统（Departure Control System，DCS），即机场人员使用的离港系统。DCS是为机场提供旅客值机、配载平衡、航班数据控制、登机控制联程值机等信息服务，可以满足值机控制、装载控制、登机控制以及信息交换等机场旅客服务所需的全部功能。如图1-1所示。

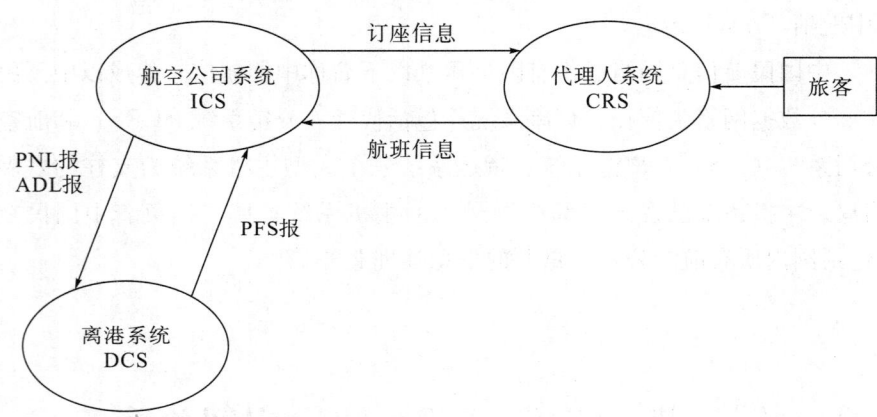

图1-1　CRS、ICS、DCS之间关系图

第二节　CRS系统提供的分销功能

一、代理人分销业务开展的目的

1. 为航空代理商提供全球航空航班的分销功能。
2. 为代理商提供非航空旅游产品的分销功能。
3. 为代理商提供准确的销售数据与相关辅助决策分析结果。

二、代理人分销系统规模

1. 自 1995 年独立运行以来，代理人分销系统业务遍布中国境内 296 个通航城市，58 个境外城市，拥有代理商 5300 多个，终端 2 万余台，合格上岗从业人员约 5 万人。

2. 该系统可以协议分销中国民航所有航空公司、非中国民航 373 家航空公司的航线航班（其中 13 家直接联结，360 家间接联结）。

3. 在非航空旅游产品的分销方面，有 297 个酒店、1 个租车公司、2 个大型旅行社可以通过该系统进行分销。

4. 在订座系统处理的所有旅客中，约 75% 是通过该分销系统销售实现的，另外约 25% 则是通过航空公司系统实现的。

三、代理人分销系统提供的服务

1. 中国民航航班座位分销服务。
2. 国外民航航班座位分销服务。
3. BSP 自动出票系统服务。
4. 运价系统服务。
5. 常旅客系统服务。
6. 机上座位预订服务。
7. 各类等级的外航航班分销服务。
8. 旅馆订房等非航空旅游产品分销服务。
9. 旅游信息查询（TIM）系统服务。
10. 订座数据统计与辅助决策分析服务。
11. 管理工具。
12. 公用信息查询。

通过对代理人分销系统的建设，未来中国航信的代理人分销系统将发展成为服务于整个航空及旅游业的一个通用系统。除了原有的航空运输业外，旅馆、租车、旅游公司、铁路公司、游轮公司等的产品分销功能也将纳入代理人分销系统中来，使中国航信的代理人分销系统能够提供一套完整的旅游服务。经过技术与商务的不断发展，中国航信的代理人分销系统

将能够为旅行者提供及时、准确、全面的信息服务，满足消费者旅行中包括交通、住宿、娱乐、支付及其他后继服务的全面需求。

本章练习题：

1. 民航客运与铁路客运的区别有哪些？

2. 航空公司客票通过哪些渠道进行销售？

3. 航空公司为什么要依靠代理人进行客票的销售？

第二章　客票销售基础

第一节　民航旅客运价

一、民航运价概述

1. 民航运价的定义

民航运价是指民航运输产品的价格，是旅客或货物在民航运输过程中由始发地机场至目的地机场的价格，不包括地面运输费用。

2. 民航运价制定的原则

民航运价制定的原则主要有以下五类：

(1) 以运输价值为基础，以运输成本为依据。

(2) 符合商品定价原则，保证有合理的利润，确保企业的正常运转。

(3) 有利于运量在各种运输方式中的合理分配。运输企业生产的是同一产品，由此决定了在一定条件下各种运输方式的相互替代性，民航运价制定的原则要有利于运量在各种运输方式中的合理分配，从而促进各种运输方式的合理分工。

(4) 有利于提高运输的运载率、客座率，有利于促进运输企业自身的发展。

(5) 有利于照顾消费者的利益。

3. 民航运价的特点

民航运价的特点是由航空运输行业的技术经济特性决定的,它的主要特点如下。

(1) 运价与运输距离有密切关系。

运价的制定是以运输成本为主要依据的,运输成本是随着运输距离的远近而发生变化的,因此,运价与运输距离有着密切关系。通常来说,运输距离越长,运输总成本越大;但就航空运输的单位成本而言,运输距离越长,平均运输成本越低。反之,航空运输距离越短,平均运输成本越高。

(2) 运价只有销售价格一种形式。

一般的实际产品有出厂价格、批发价格、促销价格、零售价格等,由于运输产品的生产与消费具有同时性,产品生产的过程即是消费的过程。所以运价只有销售价格一种形式,没有其他中间价格。

(3) 运输价格较高。

航空运输的过程中,需要消耗的能源巨大,使得运输成本偏高,因此运输价格也较高。

(4) 运价有比较复杂的差价体系。

运价随运输对象的类别不同,运输方式和运输距离的不同而变化。根据客舱布局、餐食以及服务标准的等级差别,在大型客机上分为头等舱、公务舱、普通经济舱票价。

二、票价种类

1. 按服务等级不同

服务等级是指为旅客提供服务的等级,按照提供服务的等级不同收取不同的票价。国内航线的客运价一般分为三个服务等级:头等舱、公务舱、经济舱。

(1) 头等舱票价 F。

一般国内航空公司的航班,一个航班上面设置 8 个头等舱座位。头等舱座位是整个航班位置最优、服务最好、乘机人感觉最舒适的。在 2012 年以前头等舱(F)的价格都是固定的为经济舱全价(Y)的 150%,但是后来各航公司都进行了改变，头等舱的价格在经济舱全价的150%~400%不等。国内航班，乘机人乘坐头等舱，可免费携带行李40千克。

（2）公务舱票价C。

公务舱在整个航班中，服务、座位次于头等舱，高于经济舱。在2012年以前公务舱（C）的价格是固定为经济舱全价的130%，但在目前公务舱的价格最低可能和经济舱全价一样，最高可达经济舱全价的200%左右。国内航班乘机人乘坐公务舱可免费携带行李30千克。

（3）经济舱票价Y。

经济舱是目前所有航空公司航班设计当中范围最广的，经济舱的价格也是多样化的。一般航空公司会根据自己航班的销售情况调节经济舱的销售价格。国内航班旅客乘坐经济舱的旅客可免费携带行李20KG。国内航空公司的航班通常都会进行促销，此事涉及运价的折扣计算，凡是计算折扣运价，国内客票尾数绝对为零，进行四舍五入。

2. 按旅客的行程方式

（1）单程票价OW。

也就是一次单边的行程运价，乘机人从始发地去往最终目的地只有一段行程的运价。

（2）往返运价RT。

它是指乘机人在去往某地的时候就决定了什么时间返回，乘机人从始发地出发，到达目的地以后又返回始发地的行程方式运价。

（3）联程运价CT。

一般是指乘机人，由于自身原因或者航班布局原因，通过一次航班不能完全达到目的，只能通过几次转机这种行程方式所产生的运价。

（4）缺口程运价OJ。

在多段行程当中，由于改变交通工具，其中某个行程或多个行程缺失（没有乘坐民航航班，改乘火车或汽车等其他交通工具的情况）称之为缺口程。

3. 按旅客的年龄不同

（1）成人客票ADT。

是指年满12周岁，中国居民或者外籍居民，均购买成人客票。

(2) 儿童客票 CHD。

年满 2 周岁，未满 12 周岁的旅客应购买儿童客票。儿童客票一般是成人客票全价的 50%，免除机场建设费，燃油附加费减半（注意减半的过程四舍五入，客票价格尾数为 0）。儿童客票会单独占座。目前航空公司由于航班促销价格的执行，有的航空公司规定：当儿童客票运价（五折儿童票）高于成人客票促销价格的时候，儿童可购买成人客票，同样享受免税的政策。

(3) 婴儿客票 INF。

已满 14 天（2 周），未满 2 周岁的孩子，应购买婴儿客票。婴儿票不占座（成人抱着），婴儿客票是成人客票经济舱全价的 10%，免除机场建设费和燃油附加费。

第二节　国内客票简介

一、国内客票

定义，国内票分为纸质客票和电子客票两种类型，是航空公司或者航空客票代理公司根据乘机人要求填开的国内航班乘机的基本凭证。客票至少包含以下信息：

(1) 航班承运人（航空公司）。

(2) 出票人、单位、时间、地点。

(3) 乘机人信息：旅客姓名及证件信息。

(4) 航班的始发地、经停地、目的地。

(5) 航班号、座位等级。

(6) 航班时刻、航班出发日期。

(7) 价格及付款方式。

(8) 票号。

(9) 后续服务规则：改期、退票限制等。

二、国内客票有效期

国内客票的有效期一般为一年，以旅客的出发日期起计算。在有效期内，乘机人可使用或者进行改期或者退票。航空公司或者航空客票代理人只能处理有效期内的客票。

三、航空客票代理

航空客票代理是指代理销售各航空公司客票的公司或者单位，是通过国际航协（IATA）认证和航空公司双方共同许可的。其从事销售各航空公司的客票、处理客票后续服务，从中获取利润。一般按照业务范围的不同可分为国内代理（二类代理人）和国际代理（一类代理人）。

一类代理人，可销售许可范围内的所有国际、国内航空公司航班的客票。

二类代理人，只能销售许可范围内的所有国内航空公司航班的客票。

四、电子客票

2007 年底，海南航空宣布实行电子客票，进入电子客票销售系统。标志着我国现有航空公司全面实现电子客票。电子客票相对于纸质客票来说更加便捷，为我国民航的飞速发展奠定了坚实的基础。

电子客票也叫无纸化客票（Electronic Ticket），是普通客票的电子化形式，旅客的购买记录保留在航空公司的订座系统内，旅客不会收到纸制客票。电子客票比纸制客票方便很多，不会像纸质机票一样丢失或被偷窃。旅客应该保留一张电脑生成的行程单。除此之外，旅客应写下电子机票订单号作为订座证明。使用电子客票乘坐飞机的手续很简单，只要凭身份证，旅客无须再出示机票，在飞机起飞前 1 小时左右到机场值机柜台换取登机牌、过安检、上飞机，避免了因机票丢失或遗忘造成的不能登机的尴尬。电子客票行程单样式如图 2-1 所示。

电子客票究竟有哪些优势呢？

（1）电子客票不需要配送，旅客一个电话或通过网上预订机票就能自助完成。

（2）购买成功后，凭有效证件就可以顺利登机，很方便。

（3）电子客票订购、更改与退票直接通过互联网或客服电话就能实现。

（4）在某些条件下，购买电子客票的价格比传统机票更为优惠。

（5）旅客订购机票可以在异地完成。

（6）纸质机票丢失后，需要挂失一年，如果没人冒领冒退，才能退票。

（7）对航空公司和民航相关服务单位来讲，电子客票能够更好地节约成本，方便管理，及时有效地处理后续服务。

（8）低碳环保，电子客票无疑能够在一定程度上减少对纸的使用，减少了对树木的砍伐。

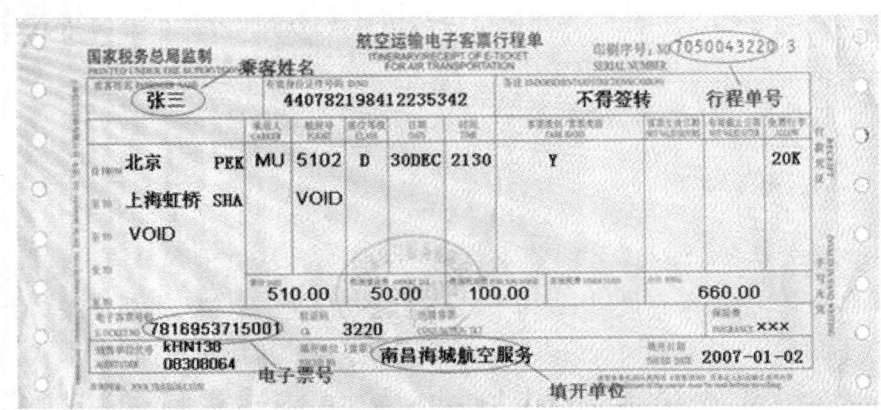

图2-1 现代电子客票行程单样本

第三节 航空客票销售系统

一、系统的由来

为缩小与国外航空公司在科技方面的差距，参与国际航空市场的激烈竞争，民航企业必须实现业务处理自动化。1978年，中国民航总局提出将计算机技术引入民航业务的设想。当时计算机技术在国内属新技术，在民航领域的应用更是一项空白。因此，民航计算机系统采用"租买结合"的方案。计算机技术首先在客票业务中应用。

1981年，中国民航租用了总部设在美国亚特兰大的GABRIEL系统进行国际航班的售票，直至1985年。1985年，中国民航经国家有关部门批准，经过全面的选型和论证，投资新建订座网，年底正式运行。此订座系统采用UNISYS的整体解决方案，其中包括主机、系统软件、通信网络系统、USAS应用系统（含订座、离港、货运）。1986年7月1日，民航广州地区的国内航线订座正式使用这套计算机订座系统。1989年10月27日，将原GABRIEL系统中的终端成功转接到中国民航自己的系统中，从而真正建立起中国民航自己的、分布于全球的计算机订座网络。

1993年，民航订座系统的功能得到了飞跃和发展——自动出票系统全面投产。经过十几年的摸索、更新和升级，于1995年建成了民航卫星通信网，解决了困扰通信的关键难题。为适应国内蓬勃发展的机票销售代理业务，遵循代理分销订座与航空公司订座系统相互独立的国际惯例，1996年1月，在原订座系统的基础上，完成代理人分销系统（Computer Reservation System，CRS）与航空公司订座系统（Inventory Control System，ICS）的分离，建成了中国民航的CRS。借助于CRS，国内航空运输企业与全球分销系统（Global Distribution System，GDS）开展对等的商务合作，实现外航航班直接销售，既满足了国内航空公司在国外的销售需求，又满足了国内代理商销售国外航空公司服务的需求，有效地促进了国内销售代理事业的发展，使中国代理销售市场朝着健康、有序的方向发展，为中国航空旅游业走向国际市场奠定了基础。

二、我国订座系统

中国民航的订座系统包括CRS和ICS。航空公司订座系统ICS有20多家国内航空公司的数据，主要进行航班方面的管理。代理人分销系统CRS为代理人提供航空产品和非航空产品的销售。

中国CRS与ICS主机硬件和数据库相互独立，采用的技术连接方式是无缝存取级（Seamless），这是直接销售级中的最高级别，使得系统连接极其紧密,可随时进行数据交换。航空公司的航班信息传送到代理人系统,代理人建立的订座记录也会传给航空公司系统。先进的技术手段,保证了系统间联系的准确性。代理人在销售国内航空公司的座位时基本感觉不到是在不同系统里进行销售,销售的实时性和准确性很高。航空公司的管理人员,借助于 ICS 与 CRS 的实时连接,可完成如下功能:

(1) 各类 PNR 的提取、座位确认、取消、修改 PNR 中的航段。

(2) 随时向 CRS 拍发航班状态更改信息。

(3) 针对 CRS 中的具体订座部门进行座位销售的分配和限制。

此外,为将我国的航空市场推向世界,中国 CRS 可以与国外航空公司的 ICS 连接,也可同国际上大的 CRS 连接。CRS 如何销售航空公司的座位是由 CRS 与 ICS 的技术连接方式及商务协议决定的。不同协议等级对它们之间传递数据有着不同的影响。ICS 加入 CRS 的协议等级主要有无协议级、AVS 级、直接存取级、直接销售级。中国民航 CRS 与国外主要航空公司系统建立了级别较高的连接,可使代理人方便地查询和销售世界上绝大多数的航空公司的航班座位。对于暂时无高等级连接的航空公司,代理人也可以在本系统内查询到该航空公司航班信息并通过申请方式订取座位。由于国外航空公司的数据不在中国民航的主机系统内,要想进行正常的销售,必须与外航系统连接,才能进行数据交换。

由此,可以得出中国民航代理人分销系统的航班数据来源:

(1) 中国民航航空公司系统 ICS。

(2) 国外航空公司系统。

(3) 国外 GDS。

(4) 静态航班数据。

第四节　常用专业术语

客票销售工作是民航旅客运输服务工作中一项最重要的工作。客票销售最为主要的就是使用民航订座系统。为了使民航各企业在办理民航旅客运输服务业务中正确地表达各种相关信息，国际对于订座工作中的专业术语规定了一致的含义。

（1）订座（Booking or Reservation）：在特定航班上，对旅客预订的座位、舱位等级或对行李的重量、体积的预留。

（2）超售（Oversales）：航班上已订妥的座位数略大于飞机提供的座位数。

（3）出票时限：在起飞日之前出售工作必须完成的最短时间限制。对于旅客所预订的座位，航空公司具有一定的保留时限，一般要求提前3天出票，否则座位将会被航空公司取消。不同的航空公司有不同的时限规定。

（4）承运人：执行该航班的航空公司。

（5）旅客订座记录（Passenger Name Record，PNR）：记录旅客行程必要信息的编码，包括乘机人姓名、出发日期、航班时刻、联系方式、订座人信息等，是由6位不规则的字母或者数字随机产生。为了方便区分，编码当中不会出现字母O和I，只会出现数字0和1。

（6）航班：飞机从始发地按照规定航线起飞经过经停站到达目的地的运输生产，航班分为去程航班和返程航班。

（7）班次：在单位时间内（通常以一周为标准），航班执行飞行的次数（包括去程和返程）。

（8）去程航班：从该飞机所在的基地机场出发，往外部机场飞行。反之，则为返程航班。

（9）国际航班：该航班的所有行程当中包含的国际行程的航班。反之，则为国内航班。

（10）航班号：为了便于区分每一个航班和航班时刻，民航运输中按照一定的规律给予各个航班编以不同的号码，并加上航空公司代码。

我国国内航班号的编排：一般航空公司二字代码加上4位数字的为国内航班；航空公司二字代码加上3位数字的为国际航班。尾数为单数的是去程航班；尾数为双数的为返程航班。各个航空公司会根据航班所在的区域分别用不同的数字进行编排。

（11）航程：飞行中所经停路线的空中距离，也称为航线距离。

（12）航段：航程中两个经停或始发目的的部分，例如：CTU—PEK。

（13）始发地：该航班或客票上列明的出发地。

（14）目的地：该航班或客票列明的最终到达的地方。

（15）联程运输：旅客的航程由两个或两个以上不同航班所组成的运输。①纯国内航班的衔接时间不得少于 1.5 小时；②国际转机的时间不得少于 2 小时。

（16）团队客票：是指一般大于等于 10 人的客票，按团队客票操作，一般会向航空公司进行团队客票价格申请（通常为一团一个价），按照航空公司相关客票规定规范操作。

（17）行程方式：单程 OW，是指从一个出发地到一个目的地的客票；往返程 RT，是指从始发地至目的地并按原航程返回始发地的客票；联程是指列明有两个含两个以上行程的客票；缺口程 OJ，是指两个以上行程的客票，中间改用其他交通工具而中断的、不连续的行程。

本章练习题：

1. 简述电子客票的优势。

2. 假设成都太原全价是 1310 元，民航发展基金 50 元/人，燃油附加费 70 元/人。当前销售介为 4 折。请计算 2 名成人、1 名儿童、1 名婴儿应收的总票款。

3. 填空：

（1）团队客票：一般是____人起算为团队客票。

（2）儿童客票的儿童一般是指年满____周岁未满____周岁的乘机人。

（3）婴儿票的婴儿一般是指年满____天未满____周岁的乘机人。

第三章 系统注册

第一节 进入系统

一、终端状态查看 DA

订座终端线路接通后,我们便可以进入系统,进行航班信息查询及座位销售。

首先我们输入:(在输入指令前面注意添加"▶",使用 ESC 键,一般如果顶上最左上角输入指令则不需要添加,其他任何地方输入指令都注意是否有"▶")

▶＄＄OPEN TIPC3(注意指令的发送方式一共有三种:①用鼠标在该条指令的最后进行双击;②光标在最后的时候使用 F12 键;③台式机,数字键盘的小 ENTER。)

系统显示:

SESSION PATH OPEN TO: TIPC3 这就表示已经进入了中国民航 CRS 系统。

中国民航系统的表示分别为:

TIPB—(ICS 航空公司系统) DEMB

TIPC3—(CRS 代理人系统) DEMC

TIPJ—(DCS 离港系统) DEMJ

DA 用于查看是否输入营业员工作号,以及本台终端的 PID 号。

指令格式

▶DA:(注意系统当中所有的符号都是英文字符,系统当中指令大小写都认可)

例如:DA 输入后显示

A*　　　12344　　24JUL　0732　　41　CTU177
B　　　AVAIL
C　　　AVAIL
D　　　AVAIL
E　　　AVAIL
PID　　=62371　　HARDCOPY=1112
TIME=1318　　DATE=24JUL　　HOST=LILY
AIRLINE=1E　　SYSTEM=CAAC09　　APPLICATION=3

如上所示:当前所使用的系统 Office 号为 CTU177、PID 号为 62371、工作号为 12344。

注意:

1. 一台终端有 5 个工作区 A、B、C、D、E,可以分别被 1～5 个代理人使用。

2. AVAIL 表示工作区域资源未被占用。

3. 系统中的每台终端都有唯一的由控制人员定义的终端号(PID 号),HARDCOPY 表示打票机号。

4. 用户在日常工作中,应明确"DA"中,"PID"一项是一个重要的参数。当终端不能工作时,维护人员经常要问到终端的"PID"号。DA 中的其他内容,营业员可以忽略。

二、输入营业员工作号 SI

工作号又称 sign-in 号,每个工作号对应一组唯一的 1～5 个十进制数字。使用工作号进入系统时,根据此工作号在系统中的定义,进行各种保密及限制检查。当系统允许此工作号进入系统后,则工作号被登记在一个独立的工作区域内（A、B、C、D、E），此时代理人便可使用其工作号开始工作，但在同一时刻允许一个区域工作，这个区域叫作当前工作区。

随着技术的不断变化，当前大部门代理人在实际工作中都是将工作号进行系统自动添加。使用 PID 放大技术将一个工作号分配到多台计算机上使用。

指令格式

▶SI：工作号/级别/密码

例如：

工作号为 11111，密码为 123A，级别 41 的营业员准备进入系统。

▶SI：11111/123A/41

【说明】

若正常进入，系统将显示系统注册公告信息，如：

CTU177 SIGNED IN A

正常进入后，用 DA 显示终端 20200 状态如下：

▶DA

A *　　　11111　　23AUG　0732　　41　CTU177
B　　　　AVAIL
C　　　　AVAIL
D　　　　AVAIL
E　　　　AVAIL
PID=62338　　　HARDCOPY=1112
TIME=1318　　DATE =24JUL　　HOST=LILY
AIRLINE=1E　　SYSTEM= CAAC09　APPLICATION=3

可以从系统显示上看出，工作号 11111 已于 23AUG，7：32 进入系统工作。

出错信息提示：

1. PROT SET 密码输入错误
2. USER GRP 级别输入错误
3. PLEASE SIGN IN FIRST 请先输入工作号，再进行查询

第二节 修改登录密码

　　每一个工作号都有一个密码，除营业员自己外，其他人员无从得知他人的密码。一般而言，计算机系统记录了每一个工作人员输入的内容，并且是通过其工作号记录的，换句话讲，一旦操作出现问题，将追究该工作号对应的工作人员的责任。因此，每个工作人员应注意更改密码，避免工作号被他人盗用。

　　密码由最多5个数字及1个字母组成，如 12345A，123B，9T 等均是有效保密号，而 123，ABC，12BB，1W2E 等均不是有效密码。

　　保密号的修改方法如下：

1. 进入系统，输入工作号（SI，使用原保密号，假设为 12345A）。
2. 用 AN 指令进行修改。
3. 退出系统（SO）。
4. 重新进入系统（SI，使用新保密号）。

指令格式

▶AN：旧保密号/新保密号

【例 3-1】假定有工作号 11111，原保密号为 123A，现欲改为 456B。

1. 进入系统：▶SI：11111/123A/41。
2. 用 AN 指令进行修改：▶AN：123A/456B。
3. 退出系统：▶SO。
4. 重新进入系统（SI，使用新保密号）：SI：11111/456B/41。

可以看出，在下次再进入系统时，已改为新保密号 456B。

第三节 临时退出系统、恢复临时退出

一、临时退出系统 AO

在某些情况下，在营业员临时离开系统，需要将工作号退出来，可用 AO 功能。指令格式：

▶AO：

【例3-2】假设工作员11111已在终端20200上进入系统。

```
A*      11111    24JUL    0732    41 CTU177
B       AVAIL
C       AVAIL
D       AVAIL
E       AVAIL
PID=20200    HARDCOPY=1112
TIME=318     DATE=24JUL    HOST=LILY
AIRLINE=1E   SYSTEM=CAAC09   APPLICATION=3
```

现工作员欲临时退出，键入：

▶AO：

系统显示"AGENT A—OUT"，表示临时退出成功。

完成后，再用 DA 显示 PID 20200 状态，如下：

▶DA：

A   11111   24JUL   0732   41   CTU177 "＊"号消失，表示临时退出工作区

```
B       AVAIL
C       AVAIL
D       AVAIL
```

```
E        AVAIL
PID=20200    HARDCOPY=1112
TIME=1318    DATE=24JUL    HOST=LILY
AIRLINE=1E   SYSTEM= CAAC09   APPLICATION=3
```

【说明】

比较两者的 DA 显示，可发现在输入 AO 以后，A 工作区的活动标识 * 号没有了，这说明在输入 AO 以后，A 区已由活动区变为非活动区。这时如进行航班查询等工作，系统将显示："PLEASE SIGN IN FIRST"，这就要求工作员重新进入系统。

二、恢复临时退出 AI

当工作员在临时退出系统以后，需要重新进入工作，要使用恢复临时退出的系统功能，即 AI 功能。该功能格式如下：

▶AI：工作区/工作号/保密号

【例3-3】接上例，假设 PID 22002 工作员 11111（保密号 123A）已临时退出系统，DA 显示如下。

```
A        11111  24JUL  0732    41   CTU177
B        AVAIL
C        AVAIL
D        AVAIL
E        AVAIL
PID=22002    HARDCOPY=1112
TIME=1318    DATE=24JUL    HOST=LILY
AIRLINE=1E   SYSTEM=CAAC09   APPLICATION=3
```

现工作员欲重新进入系统，必须键入如下命令：

▶AI：A/11111/123A

其中，A 表示工作区 A；11111 是工作号；123A 是保密号。

如果输入正确，系统将显示："AGENT A-IN"，表示重新注册成功，再用 DA

观察 PID 22002

▶DA：

A*　　11111　24JUL　0732　　41　CTU177　　*活动工作区的标志
B　　　AVAIL
C　　　AVAIL
D　　　AVAIL
E　　　AVAIL
PID=22002　　HARDCOPY=1112
TIME=1318　　DATE=24JUL　　HOST=LILY
AIRLINE=1E　　SYSTEM=CAAC09　　APPLICATION=3

有了终端和工作号，就可以进入系统工作了。在进入系统之前，我们要先学会了解系统状态，通过 DA 功能可以实现。

第四节　完全退出系统

当工作人员结束正常工作，须将工作号退出系统，以防被人盗用。这项工作可用 SO 指令完成。

【例 3-4】我们将工作号退出系统。

▶SO：

若正常，系统显示：

"CTU117　11111　SIGNED　OUT　A"

表示 CTU177 工作号 11111 从 A 工作区退出（SIGNED OUT），这时再看 PID22002 状态。

▶DA：

A　　　11111　24JUL　　0732　　41　CTU177
B　　　AVAIL
C　　　AVAIL
D　　　AVAIL
E　　　AVAIL

```
PID=22002    HARDCOPY  =1112
TIME=1318    DATE=24JUL     HOST=LILY
AIRLINE=1E   SYSTEM=CAAC09  APPLICATION=3
```

【说明】

1. 工作号 11111 已从 A 工作区中退出。

2. 如果在退号时，系统显示其他内容，而不让退号，这表明该工作号在退号时，有其他未完成工作必须完成，见出错信息提示。

3. 代理人系统在北京时间 0：00，06：00，12：00，18：00 对世界各地不同时区的终端进行自动退号。对中国大陆地区代理人讲，只在北京时间 0：00 自动退号。

4. 出错信息提示：

（1）PENDING 表示有未完成的旅客订座 PNR，在退号前必须完成或放弃它；

（2）TICKET PRINTER IN USE 表示未退出打票机的控制，退出后即可；

（3）QUEUE PENDING 表示未处理完信箱中的 QUEUE，QDE 或 QNE；

（4）PROFILE PENDING 表示未处理完常旅客的订座，PSS：ALL 处理。

第五节 工作号、终端号、部门代号

在代理人系统中，中国航信的工作人员要把代理人的信息建立在 CRS 系统中，例如部门代号（Office）、这个部门中的终端 PID、打票机、工作人员号，以及该代理人得到授权的航空公司等信息。

1. 一个代理人通常有一个部门代号（Office），如 BJS191、DLC160。

2. 一个部门中可以有多台终端，而每一台终端只能属于一个部门。

3. 同一个部门中的终端可以共享打票机。

4. 每台终端或打票机都有唯一的一个 PID。

5. 每个工作号包括密码、级别等内容，在 CRS 系统中，所有营业员工作号的级别都是 41。

6. 每个工作号只能在自己部门（Office）中使用。

第六节　国内三字代码

机场三字代码，是国际运输协会（IATA）为了方便民航规范化管理，根据各个机场的情况设定的。根据不同的缘由大致我们总结出以下一些规律。

一、英文名称缩写

一些机场的三字代码是中国城市音译的英文的缩写，不过这些城市的英文名现在都不用了。比如：北京原来的英文是 Peking，所以北京的代码是 PEK；成都 Chengtu，缩写 CTU；广州 Canton，缩写 CAN。其他如：

南京：Nanking（NKG）　　青岛：Tsingtao（TAO）
西安：Hsian（SIA）　　　天津：Tientisn（TSN）
桂林：Kweilin（KWL）　　宁波：Ningpo（NGB）
揭阳：Swatow（SWA）　　福州：Foochow（FOC）
杭州：Hangchow（HGH）　乌鲁木齐：Urumqi（URC）
重庆：Chungking（CKG）

二、拼音简写

一些机场的三字代码是根据该城市拼音的简写或者取的其中的一部分字母。比如：银川（YINCHUAN）INC 取的是中间的三个字母，沈阳（SHENYANG）SHE 取的是前三个字母。其他如：

武汉：WUH　　　　海口：HAK　　　　九寨黄龙：JZH

哈尔滨：HRB　　　珠海：ZUH　　　徐州：XUZ
库尔勒：KRL　　　西安咸阳：XIY　厦门：XMN
太原：TYN　　　　温州：WNZ　　　湛江：ZHA
达县：DAX　　　　万县：WXN　　　晋江：JJN
上海：SHA　　　　西宁：XNN　　　合肥：HFE

三、拼音缩写＋一个字母（X、N、G）

一些机场的三字代码是由拼音的简写加上字母 X 或者 G 的组合。如：

深圳：ShenZhen（SZX）　　　　　　长沙：ChangSha（CSX）
三亚：SanYA（SYX）　　　　　　　昆明：KunMing（KMG）
丽江：LiJiang（LJG）　　　　　　　西双版纳景洪机场：JingHong（JHG）
张家界荷花大庸机场：DaYong（DYG）　绵阳：MianYang（MIG）
香格里拉迪庆机场：DIqing（DIG）　　南宁：NanNing（NNG）
南通：NanTong（NTG）　　　　　　常州：ChangZhou（CZX）
晋江：JinJiang（JJN）　　　　　　　西宁：XiNing（XNN）
广汉：GuangHan（GHN）　　　　　厦门：XiaMen（XMN）

上面所有的分类都是我们在日常的工作和学习当中的一些经验总结，当然有不完善的地方，希望同学们在学习的过程中根据自己的习惯找到适合自己的方法。还有一些比较生僻的机场代码，例如，南昌 KHN、济南 TNA、兰州 LHW，这些完全没有什么的规律可寻，大家只能多学、多用，牢牢记住。

本章练习题：

1. 写出将工作号 76173 的密码 2007T 修改成 007T 的操作程序。

2. 工作号、终端号、部门代号的定义是什么？它们相互之间是什么样的关系？

3. 写出下列指令的作用：
SI

SO
AI
AO
AN

【小知识】

什么时候购买机票最便宜呢？

通常国内客票提前 15 天左右购买，价格是最优惠的。当然在淡季的时候除外，因为淡季的时候航班本来上座率就达不到目标，航空公司在航班临近起飞的时候还会有大幅度的促销，所以通常淡季的时候购买客票提前一两天即可。

购买国际客票（包括港澳台），一般需要提前 45 天左右。如果有国际行程的朋友，就需要提前一个半月就要做好计划。

第四章 航班信息查询

第一节 查询当前航班销售情况 AV

AV 指令用于查询航班座位可利用情况，以及相关航班信息，如航班号、舱位、起飞到达时间、经停点等，是一个非常重要的指令。

指令格式：

AV：选择项/城市对/日期/起飞时间/航空公司代码/经停标识/座位等级

【格式说明】

1. 选择项有以下几种：

P 显示结果按照起飞时间先后顺序排列。

A 显示结果按照到达时间先后顺序排列。

E 显示结果按照飞行时间由短到长排列。

H 显示结果按照起飞时间先后顺序排列并显示所有舱位情况和航班数据。

2. 实际工作中一般是用选项 H，省略起飞时间和座位等级。

3. AV：H/城市对/日期/航空公司代码/经停标识（通常 AV 后面的：会省略，下划线部分可以省略、可换顺序）。

4. 经停标识一般有两种：D 表示，显示结果只显示直飞的航班（有经停的航班也是直飞航班）。N 表示，显示结果中不包含有经停的航班。

【例 4-1】

查询 8 月 21 日成都至上海四川航空公司所有直飞的航班信息。

指令表达如下：

AVH/CTUSHA/21AUG/3U/D

或者 AV：H/CTUSHA/21AUG/D/3U

或者 AV H/CTUSHA/21AUG/D/3U

指令解析：查询 8 月 21 日成都至上海四川航空公司直飞的航班信息。

下面我们具体分析 AV 指令显示结果。

【例 4-2】h

输入指令：AVH/CTUTYN/20DEC/D

如图 4-1 所示：

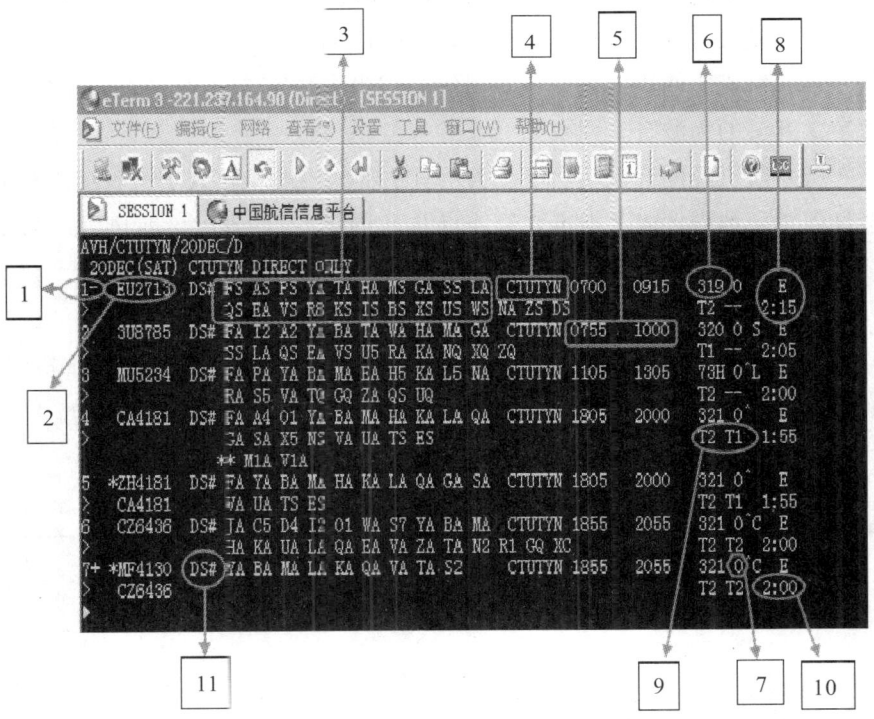

图 4-1　分析 AV 指令显示结果

【说明】

1. 若不加日期，则显示当天航班信息。

2. 若当天无航班，则显示最早有航班的日期的数据，这时应注意输出显示中的日期。

3. 若查询当天航班，还可以这样输入：

▶AVH/PEKSHA/.

其中：".""表示当天，"+"表示明天，"-"表示昨天。

4. 根据上图所示依次解读如下：

（1）航班序号。

（2）航班号，注意在航班号前有"＊"表示该航班为共享航班，在单程客票销售中一般不考虑，只会在联程需要相同航空公司代码的时候使用。

（3）舱位等级（折扣代码）及其销售情况。

（4）始发地和目的地机场代码（航段信息）。

（5）航班时刻，航班起飞时间和到达时间。

（6）航班所使用的机型（常用的机型当中数字 3 开头的为空客系列，数字 7 开头的为波音系列）。

（7）航班经停标识，数字 0 表示直达不经停航班，数字 1 表示该航班会经停 1 个地方，以此类推，经停点 0 后的"ˆ"，表示该航班可以为旅客预订航班座位。

（8）字母 E 是电子客票标识。

（9）航站楼信息，前面的为始发地航站楼，后面的是目的地航站楼，如果在这里显示"—""—"表示该机场没有多余的航站楼需要区分。

（10）航班预计的飞行时间。

（11）协议级别代码。

连接协议等级	标识
无协议级	空格
AVS级	TY
直接存取级（Direct Access）	＊
直接销售级（Direct Sell）	DS
记录编号反馈	AB

5. AV 显示去程航班后，可以通过 AV：RA 方式显示回程航班，也可以指定回程航班的其他限制条件。根据上图例题显示 22DEC 返程的航班情况。

在执行完 ▶AV/H/CTUTYN/20DEC/D 再执行 ▶AV：RA/22DEC，则表示查询 12 月 22 日太原回成都的直飞航班信息。显示如下：

▶av：ra/22dec
22DEC（MON）TYNCTU DIRECT ONLY
1— MU5233 DS♯ FA P3 YA BA MA EA HA KA LA NA TYNCTU 0750 0955 73H 0 S E
             RA SA VA TQ GQ ZA Q5 UQ
         —T2 2：05
2 3U8532   DS♯ FA IS AS YA BA TA WA HA MS GA TYNCTU 1345 1605 320 0 S E
             SA LA QS ES VS U5 RS KQ NQ XS ZQ
         —T1 2：20
3   *MF4129   DS♯ YA BA MA LA KA QA VA TQ S2 TYNCTU 1540 1805 321 0 D E
       CZ6435
         T2 T2 2：25
4 CZ6435   DS♯ JA C5 D4 I2 O1 WA S5 YA BA MA TYNCTU 1540 1805 321 0 D E
             HA KA UA LA QA EA VQ ZQ TQ N2 R1 GQ XC   T2 T2 2：25
5   *ZH4182   DS♯ FA YA BA MA HA KA LA QA GA SA TYNCTU 2045 2300 321 0 E
       CA4182   VA UA TS ES
         T1 T2 2：15
6 CA4182   DS♯ FA A6 O1 YA BA MA HA KA LA QA TYNCTU 2045 2300 321 0 E
             GA SA X5 NS VA UA TS ES

```
                    T1 T2  2：15
                       ＊＊ M1A V1A
       7＋    EU2714   DS♯  FS AS PS YA TA HA MS GA SS LA
  TYNCTU 2135   0010＋1 319 0      E
                      QA ES VA RA KS IS BS XS US WS NA ZA DA
             T2  2：35
```

6．如果在 AV 指令后加：

    1A（AMADEUS）   AA（SABRE）

    1G（GALILEO）   JL（AXESS）

    1P（WORLDSPAN） 1T（TOPASS）

    1F（INFINI）   1B（ABACUS）

显示出来的航班信息为 SABRE，AMADEUS 等几大 GDS（全球分销系统）提供的数据。

▶avh/ctulax22dec /aa

```
22DEC（MON）CTULAX VIA AA
1－ ＊CX5825   DS! J9 C9 D9 I9 Y9 B9 H9 K9 M9 L9   CTUHKG
0830  1100   321 0 B   E
        KA825      V9 S9 N9 Q9 O9
         1  1  2：30
       ＊AA8937   DS! F0 P7 A0 J7 R7 D7 I7 Y7 W7 B7    LAX 1305
0940   773 0 S    E
        CX884     H7 K7 M7 L7 V0 S0 N0 Q0 G7O0
          1  B  17：10
  2  KA825   DS! J9 C9 D9 I9 Y9 B9 H9 K9 M9 L9   CTUHKG 0830
  1100   321 0ˆB   E
                   V9 S9 N9 Q9 O9
          1  1  2：30
       ＊AA8937   DS! F0 P7 A0 J7 R7 D7 I7 Y7 W7 B7    LAX 1305
0940   773 0 S    E
        CX884      H7 K7 M7 L7 V0 S0 N0 Q0 G7O0
```

```
         1  B   17:10
      3  *CX6121    DS! J4 C4 D4 IL Y4 B4 H4 K4 M4 L4    CTUHKG
0805   1015   319 0 B   E
         CA411        V4 S4 NL Q4 O4
            T1 1   2:10
         *AA8937    DS! FC P7 A0 J7 R7 D7 I7 Y7 W7 B7       LAX 1305
0940    773 0 S   E
```

第二节　航班周期查询

SK 指令可以查询一城市在特定周期内所有航班的信息，包括航班号、出发到达时间、舱位、机型、周期和有效期限。

一、指令格式

SK：选择项/城市对/日期/时间/航空公司代码/舱位。

二、格式说明

1. SK 指令所显示出的航班信息的时间段为指定时间和前后三天共一周的时间。

2. 选择项有以下几种：
P 显示结果按照起飞时间先后顺序排列；
A 显示结果按照到达时间先后顺序排列；
E 显示结果按照飞行时间由短到长排列。
不选，默认为 P（一般会省略舱位和时间）。

3. 城市对为必选项，其余为可选项。

三、下面是具体的实例说明 SK 指令的输入和输出

1. 指定日期前后三天内航班信息。

【例 4-3】输入 SK：CTUSYX/20DEC

▶SK：CTUSYX/22DEC

19DEC（FRI）/25DEC（THU）CTUSYX

1－　TV9805　CTUSYX 0610　0840　319 0 B　E　X26 03DEC27MAR FAOYBMHKLJQGVREIW＊

2 ＊ CA3905　CTUSYX 0610　0840　319 0 B　E　X26 03DEC27MAR FYBMHKLQGV

3　 EU2207　CTUSYX 0650　0925　319 0　　E 17DEC28MAR FAPYTHMGSLQEVRKIB＊

4　 CA4249　CTUSYX 0710　0935　JET 0　　E 16DEC31DEC FAOYBMHKLQGSXNVUT＊

5　 HU7092　CTUSYX 1050　1325　333 0 L　E 23NOV28MAR FZPAYBHKLMQXUETVN＊

6　 TV9821　CTUSYX 1300　1530　319 0 S　E 23NOV28MAR FAOYBMHKLJQGVREIW＊

7　 8L9607　CTUSYX 1430　1710　320 0　　E 20DEC28MAR YBHKLMQXUEDTZVNWI＊

8　 3U8755　CTUSYX 1740　2020　321 0 S　E 23NOV28MAR FPIAYBTWHMGSLQEVU＊

9＋　JD5178　CTUSYX 1815　2035　320 0 S　E 05DEC28MAR YBHKMLQJXUETZDSCG＊

2. 结果解析：

（1）SK 输出的第一行是所查询的时间范围，如上显示的 12OCT/18OCT 表示接下来的航班都是在 12OCT 至 18OCT 之间执行的航班。

（2）从第二行开始的航班显示包括航班号、城市对、出发时间、到达时间、经停点、餐食标志、班期、有效日期、座位等级。

（3）以上面显示结果为例，依次为：航班序号、航段信息、航班时刻、机型、经停情况、餐食标识、航班周期、执行周期的时间段、舱位情况。

（4）如果航班周期显示为空格，则表示每日都有航班；如若显示具体数字，例如，135 表示星期一、星期三、星期五有航班；如若显示 X 加数字的情况，例如，X26 表示星期二、星期六没有航班。

第三节　FF 航班经停查询

FF 指令用于查询航班的经停城市，起降时间和机型。指令格式：
▶FF：航班号/日期

【例 4-4】查询航班号 EU2205 次航班 12 月 22 日的经停情况及机型情况。

输入指令 FF：EU2205/22DEC 显示如下：

▶FF：EU2205/22DEC14
CTU　　　　　0705　　　319
CSX　0855　　0945
HGH　1110

【说明】
第一排依次为：始发地机场代码、始发地起飞时间、机型。
第二排依次为：经停点机场代码、到达经停点的时间、从经停点起飞的时间。
第三排依次为：到达最终目的地的机场代码、到达最终目的地的时间。

第四节　FD 国内票价查询

FD 指令可以查询国内航空公司国内段票价。需要查询国际票价，要用其他指令，如 QTE 和 XS FSD 等指令。

指令格式 1
▶FD：城市对/日期/航空公司代码

【例4-5】查询1月15日成都—厦门四川航空公司的运价信息

输入指令 FD：CTUXMN/15JAN/3U

显示结果如下：

▶FD：CTUXMN/15JAN/3U

▶PFDCTUXMN/15JAN/3U

FD：CTUXMN/15JAN15/3U　　　　　　　/CNY /TPM　1911/

　01 3U/F　　/ 4090.00＝ 8180.00/F/F/　/　.　/26AUG14 /3U01▶PFN：01

　02 3U/C　　/ 2670.00＝ 5340.00/C/C/　/　.　/01NOV13 /3U01▶PFN：02

　03 3U/FI　　/ 2670.00＝ 5340.00/I/F/　/　.　/02APR14 /3U04▶PFN：03

　04 3U/J　　/ 2140.00＝ 4280.00/J/C/　/　.　/01NOV13 /3U03▶PFN：04

　05 3U/YA　　/ 1780.00＝ 3560.00/A/F/　/　.　/01NOV13 /3U02▶PFN：05

　06 3U/Y　　/ 1780.00＝ 3560.00/Y/Y/　/　.　/01NOV13 /3U01▶PFN：06

　07 3U/T　　/ 1600.00＝ 3200.00/T/Y/　/　.　/01NOV13 /3U03▶PFN：07

　08 3U/W　　/ 1510.00＝ 3020.00/W/Y/　/　.　/01NOV13 /3U03▶PFN：08

　09 3U/H　　/ 1420.00＝ 2840.00/H/Y/　/　.　/01NOV13 /3U03▶PFN：09

　10 3U/M　　/ 1340.00＝ 2680.00/M/Y/　/　.　/01NOV13 /3U03▶PFN：10

　11 3U/G　　/ 1250.00＝ 2500.00/G/Y/　/　.　/01NOV13 /3U03▶PFN：11

　12 3U/S　　/ 1160.00＝ 2320.00/S/Y/　/　.　/01NOV13 /3U03▶PFN：12

13 3U/L　　/ 1070.00＝2140.00/L/Y/　/　.　/01NOV13
/3U03 ▶PFN：13
　　14 3U/Q　　/ 980.00＝1960.00/Q/Y/　/　.　/01NOV13
/3U03 ▶PFN：14
　　15 3U/E　　/ 890.00＝1780.00/E/Y/　/　.　/01NOV13
/3U03 ▶PFN：15
　　16 3U/V　　/ 800.00＝1600.00/V/Y/　/　.　/01NOV13
/3U03 ▶PFN：16

PAGE 1/1

【说明】如上所示：

1. 前面的数字为序号。

2. CNY 表示人民币，下面所显示的运价均为人民币。

3. TPM 为行程公里数，如上所示，成都—厦门的航线距离为 1911 公里。

4. 3U/F 为航空公司代码和舱位或折扣代码。

5. 如第 16 项的/ 800.00 表示单程运价为 800 元，＝1600 表示往返运价为 1600 元。

6. /01NOV13 表示价格发布或者更新的日期（从这个日期开始价格有效，这里为出票日期）。

7. /3U03 表示该条运价出自的运价文件名，也叫作舱位规定代码。

8. PFN：16 是显示该条运价使用规则的指令，将光标直接移动到数字的后面发送指令，就会显示该条运价的使用规则，如图 4-2 所示。

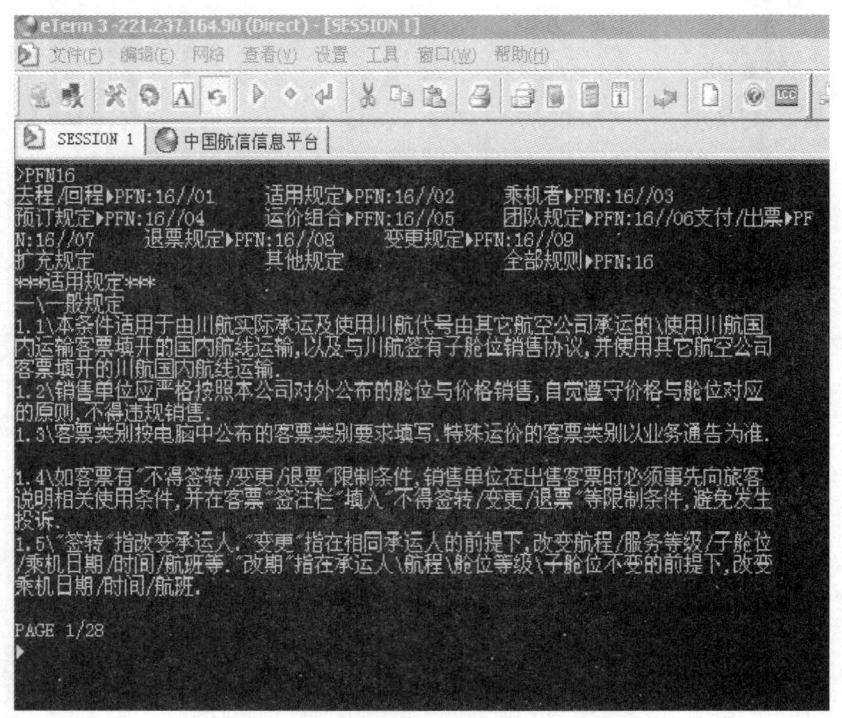

图4-2 FD国内票价查询

指令格式2

从已有的AV显示结果中查询票价,在使用完AV指令后,使用:
FD:航班序号

【例4-6】我们先查询航班AVH/CTUCSX/20DEC/CA/D,在显示出结果后,查询航班CA4379的运价情况如下:

▶avh/ctucsx/20dec/ca/d
20DEC(SAT) CTUCSX VIA CA DIRECT ONLY
1—　CA4371　DS♯ FA A4 O1 YA BA MS HA KS LS QS
CTUCSX 1415　1555　321 0^ E
　　　　　　　　GS SA XS NS VS UA TS ES
　　　　　　T2 T2　1:40
　　　　　　　　＊＊M1S
2+　CA4379　DS♯ F8 A4 O1 YA BA MA HA KA LA QA

CTUCSX 1910　2100　319 0 E
　　　　　　　GS SA X5 N3 VS UA TS ES
　　　T2 T2　1:50
　　　　　＊＊M1A
　▶FD:2
　　▶PFDCTUCSX/20DEC14/CA
　　FD:CTUCSX/20DEC14/CA　　　　　/CNY /TPM
940 /
　　01 CA/P　/ 2460.00= 4920.00/P/F/　/ .　/01MAR13
/FY1G▶PFN:01
　　02 CA/F　/ 2280.00　　　/F/F/　/ .　/15MAY14
/FY1G▶PFN:02
　　03 CA/FRT　/　　　4360.00/F/F/　/ .　/13OCT13
/FY1G▶PFN:03
　　04 CA/A　/ 2000.00= 4000.00/A/F/　/ .　/01MAR13
/AV1G▶PFN:04
　　05 CA/C　/ 1820.00= 3640.00/C/C/　/ .　/01MAR13
/FY1G▶PFN:05
　　06 CA/D　/ 1370.00= 2740.00/D/C/　/ .　/01MAR13
/AV1G▶PFN:06
　　07 CA/Z　/ 1180.00= 2360.00/Z/C/　/ .　/01MAR13
/AV1G▶PFN:07
　　08 CA/W　/ 910.00= 1820.00/W/Y/　/ .　/01MAR13
/FY1G▶PFN:08
　　09 CA/Y　/ 910.00= 1820.00/Y/Y/　/ .　/01MAR13
/FY1G▶PFN:09
　　10 CA/B　/ 820.00= 1640.00/B/Y/　/ .　/01MAR13
/AV1G▶PFN:10
　　11 CA/M　/ 800.00= 1600.00/M/Y/　/ .　/01MAR13
/AV1G▶PFN:11

```
12 CA/M1    /   770.00 = 1540.00/M/Y/  /  .   /01MAR13
   /AV1G ▶PFN：12
13 CA/H     /   730.00 = 1460.00/H/Y/  /  .   /01MAR13
   /AV1G ▶PFN：13
14 CA/H1    /   710.00 = 1420.00/H/Y/  /  .   /01MAR13
   /AV1G ▶PFN：14
15 CA/K     /   680.00 = 1360.00/K/Y/  /  .   /01MAR13
   /AV1G ▶PFN：15
16 CA/K1    /   660.00 = 1320.00/K/Y/  /  .   /01MAR13
   /AV1G ▶PFN：16
17 CA/L     /   640.00 = 1280.00/L/Y/  /  .   /01MAR13
   /AV1G ▶PFN：17
18 CA/L1    /   590.00 = 1180.00/L/Y/  /  .   /01MAR13
   /AV1G ▶PFN：18
```

PAGE 1/2

第五节 NFD特价查询指令

一、NFD 的应用

NFD指令提供航空公司在指定日期、指定航线上的特价信息。

NFD指令基本格式

▶NFD：城市对/日期/航空公司代码

(说明：承运人代码和城市对为必选项，必须输入；日期为可选项，不输入日期，系统默认为当天)

【例4－7】NFD：SHASHE/20may/CZ

指令解释：查询5月20日上海至沈阳南方航空公司的特价信息。

二、NFD 指令显示结果说明

LN：运价序号

CXR：发布运价的航空公司

OW：单程运价

RT：往返运价

FBC/TC：票价级别/旅行代码

RBD：使用仓位代码

MIN/MAX：最短、最长停留时间

TRAVEL DATE：政策适用日期范围

R：运价使用规则（把光标移动到运价规则后，可查看该规则的详细内容）

NETT. FARE：净价（不含税）

TAX（ES）NOT INCLUED：不含税

NFN：运价使用规则

NFR：航线使用规则

【例 4－8】

输出 NFD：ctutyn/20apr/3u

NETT FARE － WUHPEK   TAX（ES）NOT INCLUDED

20APR17 CNY/ADULT/EH

LN CXR OW   RT   FBC/TC RBD MIN/MAX   TRVDATE   R

01   3U   270.00   N25   N   00D/00D 01APR17－28APR17 ▶NFN：01

　 AP01   B2BSAD   CTU-TYN ▶NFR：01

02   3U   320.00   I30   I   00D/00D 01MAR15－28MAR20 ▶NFN：02

　 AP01   B2BSAG   CTU-TYN ▶NFR：02

03   3U   370.00   J35   J   00D/00D 01MAR15－

```
28MAR20 ▶NFN：03
   AP01              B2BSAG         CTU-TYN ▶NFR：03
   043U      640      WRT      W   00D/00D   01MAR15 -
28MAR20 ▶NFN：11
   AP01              B2BSAG         CTU-TYN-CTU ▶
NFR：11
   PAGE 1/1
```

第六节　CNTD等常用查询指令

一、清屏

当某个功能显示使代理人系统界面满屏后，可以用CP指令清屏，重新执行，显示结果从第一行开始，也可以使用快捷键CTRL键+字母A键。

二、翻页

代理人系统中，某个功能的显示内容有多余的页数，可以用翻页指令进行内容显示：

　　PN　下页 PAGE NEXT

　　PB　前页 PAGE BACK

　　PF　最前页 PAGE FIRST

　　PL　最后页 PAGE LAST

　　PG　重新显示当前页　PAGE 一般使用PG1

三、日期/时间查询

DATE：日期/天数/天数（省略日期将默认为当前日期）

TIME：城市/日期/时间/城市（不输入参数，显示当前时间）

四、查询常用代码

(1) ▶CNTD：T/城市名（该城市拼音）

根据城市名称查询城市、机场三字代码。

【例4－8】

▶CNTD：T/SHENYANG

CODE　AIRPORT NAME　　　　　　　　CITY NAME　　COUNTRY

SHE　SHENYANG AIRPORT　　SHENYANG　　CN

(2) ▶CNTD：A/城市名前几个字母

根据城市名称前几个字母查询三字代码。

【例4－9】

▶CNTD：A/CHENG

请参考指令 CNTZ　/ PLEASE REFER FUNCTION CNTZ

CTU　CHENGDU　　　　　　　CHENGDU　　　CN

(3) ▶CNTD：N/国家名称（英文名称）

根据国家名称查询国家两字代码或三字代码。

【例4－10】

▶CNTD：N/CHINA

请参考指令 CNTZ　/ PLEASE REFER FUNCTION CNTZ

CN/CHN CHINA

(4) ▶CNTD：C/国家两字代码

根据国家两字代码查询国家全称。

【例4－11】

▶CNTD：C/CN

请参考指令 CNTZ　/ PLEASE REFER FUNCTION CNTZ

CN/CHNCHINA　　　　中国

(5) ▶CNTD：M/航空公司名称（英文名称）

根据航空名称查询航空公司两字代码。

【例 4-12】

▶CNTD：M/SICHUAN AIRLINES

请参考指令 CNTZ　／ PLEASE REFER FUNCTION CNTZ

3U　　SICHUAN AIRLINES

（6）▶CNTD：D/航空公司二字代码

根据航空公司二字代码查询航空公司名称。

【例 4-13】

▶CNTD：D/MU

请参考指令 CNTZ　／ PLEASE REFER FUNCTION CNTZ

MU　NICHINA EASTERN AIRLINES　　中国东方航空公司

WWW．CE-AIR．COM

（7）▶CD：三字代码

根据三字代码查询城市名称。

【例 4-14】

▶CD：SHA

SHA，SHA/MA，SHANGHAI HONGQIAO INTERNATIONAL APT，SHANGHAI，CN，Z1，00，N31：11.8，E121：20.1

本章练习题：

指令翻译。

1. AVH/TSNSZX/21MAR/GS/D

2. NFD：XMNNKG/08MAY/MF

3. 查询 7 月 22 日青岛至海口海南航空公司的价格信息。

4. CNTD：T/LANZHOU

5. 查询 G5 的航空公司名称。

6. FF：CA4113/19FEB

【小知识】

民用航空器的国籍标志

世界上每个国家的民用航空器（飞机是航空器的一种）都有国籍标志。根据国际规定，于1974年选用"B"作为中国民用航空器的国籍标志。凡是中国民航飞机，机身上都必须涂有"B"标志和编号，以便在无线电联系、导航空中交通管制、通讯通话中使用，特别是在遇险失事情况下呼唤，以利于识别。

第五章 旅客订座记录

第一节 PNR 概述

一、什么是 PNR

简单地说，PNR 就是旅客订座记录（PASSENGER NAME RECORD），代理人通过该记录告知航空公司旅客相关订座信息，包括航程、航班、日期、舱位、座位数、特殊需求、乘机人信息等信息。通过 PNR 订座生效一个 PNR 记录后，系统会给出一个记录编码（记录编码由 6 位的字母和数字组成或者由纯 6 位字母组成，但不可以是纯数字组成；记录编码中只有数字 1 而没有字母 I，只有数字 0 而没有字母 O），再使用 RT 指令，可以在终端的显示屏上提取该记录的具体内容。

PNR 的内容和作用如下所述：

PNR 记录了旅客航程中的订座信息，即姓名、人数、旅行地点、时间、承运人、联系电话等。PNR 最主要的作用就是订座。下面就是一个用于订座的 PNR：

【例 5—1】

1. 胡帅　W14X6J
2. CZ3571 Y　MO31MAY　WUHPVG HK1　0810 0945　　E—T2

3. WUH/T WUH/T 027－85489185/WUH TIAN XIANG AVATION AGENTY/SHI XIAO MEI ABCDEFG

4. OSI CZ CTCT13476134628

5. TL/2200/30MAY/WUH179

6. SSR ADTK 1E BY WUH30MAY10/1648 OR CXL CZ3571 Y31MAY

7. RMK CA/GCDPB4

8. WUH179

二、PNR 的结构

使用 RT 指令提取 PNR 记录后，就能看到 PNR 当前有效的内容。

【例 5－2】

▶RT W14X6J

1. 胡帅 W14X6J

2. CZ3571 Y MO31MAY WUHPVG HK1 0810 0945 E —T2

3. WUH/T WUH/T 027－85489185/WUH TIAN XIANG AVATION AGENTY/SHI XIAO MEI ABCDEFG

4. OSI CZ CTCT13476134628

5. TL/2200/30MAY/WUH179

6. SSR ADTK 1E BY WUH30MAY10/1648 OR CXL CZ3571 Y31MAY

7. RMK CA/GCDPB4

8. WUH179

▶IG

NO PNR

【说明】

1. 姓名组。

2. 航段组。

3. 订座系统公司信息组。

4. 联系组。

5. 时限组。

6. 真实时限组（回复时限组）。
7. 航空公司系统 PNR 组。
8. 订座系统公司 OFFICE 号。

三、PNR 的类型

1. 通过代理人订座系统（CRS）订座产生的 PNR 编码叫小编码。
2. 通过航空公司订座系统（ICS）订座产生的 PNR 编码叫大编码。
3. 航空公司大编在代理人系统上不能直接提取查看，需要将大编码转换成小编码才可以提取查看。
4. 大编码转换成小编码的指令。

【指令格式】

第一步 ▶RRT：V/大编码/航班号/日期

第二步 ▶RRT：OK

第三步 ▶@　（封口、保存生成小编码）

【例 5－3】将大编码 JZS19Z 转换成小编码。

▶RRT：V/JZS19Z/MU5110/10OCT

此步骤系统会将 ICS 系统的 PNR JZS19Z 内容显示在屏幕上。

1. GAO/FENG
2. MU5110 Y SA10OCT PEKNKG HK1 1205 1335
3. NC
4. TL/1200/07OCT/SHA001
5. SHA001

▶RRT：OK

1. GAOFENG NDTRRE
2. MU5110 Y SA10OCT PEKNKG HK1 1205 1335
3. NC
4. TL/1200/7OCT/BJS191
5. RMK CA/JZS19Z
6. RMK CLAIM PNR ACK RECEIVED
7. BJS191

▶@（封口生成小编）

MU5110 Y SA10OCT PEKNKG HK1 1205 1335

NDTRRE（转换后的小编）

可以看到系统给出了 CRS 系统的记录编号 NDTRRE，并且将 ICS 系统的记录编号 JZS19Z 记入了 RMK 项，说明该 PNR 在 CRS 系统已经生成。

第二节　订座行动代码及其含义

行动代码：所谓行动代码也叫航段状态代码，是旅客订座记录里航段组（特殊服务组里通常也含少数行动代码和状态代码）中非常重要的组成部分，代理人可以通过检查订座记录中的状态代码和行动代码来确定这个订座的真实占座情况。通常我们所说的旅客订座记录的状态就是指这个 PNR 的航段状态代码及行动代码的状态。

1. GAO/FENG   2. HAO/HAIDONG   3. LI/MING M4MMVS
4. CA1322 B   SA12DEC   CANPEK   DW3   1305   1555
5. CA1321 Y   SU13DEC   PEKCAN   HK3   0900   1200
6. C2526
7. TL/1200/01DEC/FEK099
8. SSR SPML CA HN1 CANPEK 1322 B 12DEC NOSALT/P2
9. RMK CA/JV3N04
10. PEK099

下面将常见的一些状态代码及行动代码列表说明：

行动代码	代码含义描述	封口（@）后状态	封口后状态含义描述
DR	再确认	RR	确认出票
DK	直接占座	HK	确认
DW	候补	HL	候补

续表

行动代码	代码含义描述	封口（@）后状态	封口后状态含义描述
KK	确认	HK	确认
KL	从候补状态确认	HK	确认
SS	已销售	HK	确认
TK	确认，提示旅客航班时刻已更改	HK	确认
TL	候补，提示旅客航班时刻已更改	HN	申请
NN	申请	HN	申请
NO	航空公司不允许销售，NO位		
UC	不接受候补或订座，航班已关闭（不接收申请）		
UN	航班取消		
US	不接受订座（可申请）	HN	申请
XL	取消候补		
XX	取消确认或申请		

简明行动代码含义：

HK：订座成功；DK：预留；RR：座位确认（确认出票）；

UN：航班变动保护；HN，HL：申请状态；DW：候补状态；

TL：申请未确认；TK：申请已确认；KK：申请成功；

HX：旅客误机；NO：不允许销售，NO位。

其中，HK，DK，KK，TK，RR 均表示订座或申请成功；HN，HL，TL，DW 均表示订座或申请不成功；UN 在航班起飞时间提前或到达时间延误或航班取消时候出现；HX 在旅客误机后出现；KK 即申请被确认，封口后变成"HK"状态。

【注意】

在票比较紧张（舱位状态为数字1或2）或销售特价票时经常会出现"假票"的迷惑状态（舱位状态显示为可预订状态，但当 SD 订进航段后，行动代码为 DW，HN，HL 等无效订座状态），所以在票比较紧张或销售特价票时，一定要看 SD 后航段组的行动代码是否为有效预订状态（HK、DK 等状态）。其中，销售特价票时，除了看 SD 后行动代码是否为有效预订状态外，还要看 PAT：A 后价格能否做进去，价格做不进去，则一般该特价票不能销售。

第三节　订座指令解析

一、姓名组

NM1 姓名 特殊旅客代码（常见特殊旅客代码：CHD——儿童，INF——婴儿，UM——无人陪伴儿童，BLND——盲人旅客，DEAF——聋哑旅客，STCR——担架旅客，VIP——重要旅客，SP——因病需要特殊护理的旅客，GM——革命伤残军人，JC——因公致残的人民警察，EXST——额外行李占座旅客，SEEING EYE DOG——携带导盲犬的旅客）

【注意】1. 一位乘机人的姓名输入最多不超过 22 个字符。

2. 当出现有系统无法识别的生僻字时，用拼音代替。注意：第一个字用拼音，后面的字也只能是拼音。

【例 5-4】假设现在有两位乘机人刘华和张哲，那么订座时输入的指令则为：

▶NM1 刘华 1 张哲

二、证件号码组

SSR　FOID 航空公司二字代码 HK/NI 证件号码/旅客序号

【例 5-5】假设乘机人证件是 1233456，现在订的是四川航空公司的客票，那么指令格式为：

▶SSR FOID CZ HK/NI1233456/P1

三、航段组

SD 航班序号 舱位/订座行动代码 座位数（预订状态下的 PNR 订座行动代码用 LL 或 NN，直接出票状态下的 PNR 订座行动代码用 RR，在实际工作中为了提高工作效率通常在订座的时候省略订座行动代码）

【例 5-6】假设航班序号为 2 订座头等舱 2 个座位，指令为：
▶SD2F/LL2 或 ▶SD2F2

四、联系组

OSI 航空公司代码 CTCT 联系电话

【例 5-7】假设联系方式为 13658045456，订座东方航空公司的客票，那么指令为：
▶OSI MU CTCT13658045456

五、票价组

PAT：A 或 PAT A（票价组由票价构成组 FN、票价计算组 FC、付款方式组 FP 三项构成，做 PAT：A 系统可自动生成票价组三项内容）

六、预留时限组

TKTL/预留时间/预留日期/OFFICE 号

【例 5-8】假设预留到 6 月 5 日晚 22 点指令格式为：
▶TKTL/2200/05JUN/WUH262

七、备注组

常见备注一般有两种指令：RMK 或者 OSI。RMK 一般用于公司内部备注（其他公司不能看见备注的内容）；OSI 用于航空公司要求的各种备注。

RMK：备注的内容（中文、英文均可）

OSI：航空公司代码 备注内容（只能备注英文）

八、特殊服务组

▶SSR：SPML CA NN1 NOSALT／P2／S1

SSR：建立特殊服务情况组的功能指令

SPML：服务类型代码

CA：航空公司代码

NN：行动代码（申请）

1. 需要该项服务的人数

NOSALT：自由格式文本

P2：需要特殊服务旅客的序号

S1：需要该项服务的航段序号

九、其他服务组

▶ OSI：CZ VIP CORPORATE VP／P3

OSI：建立其他服务情况组的功能指令

CZ：航空公司代码

VIP：服务类型代码

CORPORATE VP：自由格式文本

P3：需要其他服务旅客的序号

【说明】姓名组、航段组、联系组、时限组是生成 PNR 的必要构成项，其他组可以在订座完成后再行添加。且一个订座完成，可以出票的 PNR 还应包括票价组、证件组信息。

第四节　单程客票预订详解

第一步：使用 AVH 指令查询航班。

▶AVH／CTUTYN／20JUN／D

20JUN（TUE）CTUTYN DIRECT ONLY

```
    1－   3U8785   DS♯  FA I2 J2 A2 YA BA TS HA GA SQ
CTUTYN 0655   0915   320 0ˉS    E
         ▶           LS ES VQ RQ KQ NQ XQ U3 WA QS MS ZQ
               T1 T2  2：20
    2  EU2269  AS♯ YA TA HA MS GA SS LA QA ES VQ   CTUTYN
0710  0920   320 0    E
         ▶           RQ KQ IQ BQ XQ UQ WQ NQ ZQ OQ DQ
               T2 －  2：10
    3  MU5234   DS♯  UQ F8 P4 JC CC DC IC WC YA BA   CTUTYN
1110   1320   73E 0ˉL   E
         ▶           MA EA HA KA LS NS RQ SQ VQ TQ GQ ZS Q5
               T2 T2  2：10
    4  MU5277   DS♯  UQ FA P4 JC CQ DQ IQ WQ YA BA
CTUTYN 1715   1925   319 0ˉD   E
         ▶           MA EA HA KA L7 N2 RQ SQ VQ TQ GQ ZS Q5
               T2 T2  2：10
    5  ZH9489   DS♯  F8 P2 A2 OQ GQ YA BA RS MA UA
CTUTYN 1820   2040   320 0ˉD   E
         ▶           HA QA VQ WS SS ES JQ TQ LQ ZQ X2 NQ KQ
               T2 T1  2：20
    6  □TV6649   DS♯  F8 YA BA HA KA LA QQ GS VS
CTUTYN 1820   2040   320 0ˉD   E
         ▶  ZH9489
               T2 T1  2：20
```

第二步：使用 SD 指令订取航段。（假设订取 EU2269 航班）

▶SD2Q2

1. EU2269 Q   TU20JUN   CTUTYN DK2   0710 0920　320　0 E T2－A

2. CTU/T CTU/T 028－86118844SI CHUAN WELLSHINE AIR SERVICE LTD/QIN ZHAO HUI   ABCDEFG

3. CTU288

第三步：NM 输入乘机人姓名

▶NM1 张程 1 胡帅

1. 张程 2. 胡帅

3. EU2269 Q TU20JUN CTUTYN DK2 0710 0920 320 0 E T2—A

4. CTU/T CTU/T 028－86118844SI CHUAN WELLSHINE AIR SERVICE LTD/QIN ZHAO HUI ABCDEFG

5. CTU288

第四步：TKTL 输入预留时限

▶TKTL/1600/15JUN/CTU288

1. 张程 2. 胡帅

3. EU2269 Q TU20JUN CTUTYN DK2 0710 0920 320 0 E T2—A

4. CTU/T CTU/T 028－86118844SI CHUAN WELLSHINE AIR SERVICE LTD/QIN ZHAO HUI ABCDEFG

5. TL/1600/15JUN/CTU288

6. CTU288

第五步：OSI 输入联系组

▶OSI EU CTCT13658045456

1. 张程 2. 胡帅

3. EU2269 Q TU20JUN CTUTYN DK2 0710 0920 320 0 E T2—A

4. CTU/T CTU/T 028－86118844SI CHUAN WELLSHINE AIR SERVICE LTD/QIN ZHAO HUI ABCDEFG

5. OSI EU CTCT13658045456

6. TL/1600/15JUN/CTU288

7. CTU288

第六步：封口生成 PNR

JXFD60－EOT SUCCESSFUL, BUT ASR UNUSED FOR 1 OR

MORE SEGMENTS

    EU2269 Q TU20JUN CTUTYN DK2 0710 0920

第七步：重新提取 PNR 增加项目

    ▶RT JXFD60

    1. 张程 2. 胡帅　JXFD60

    3. EU2269 Q　TU20JUN　CTUTYN DK2　0710 0920 320　0 E T2—A

    4. CTU/T CTU/T 028－86118844SI CHUAN WELLSHINE AIR SERVICE LTD/QIN ZHAO HUI　ABCDEFG

    5. OSI EU CTCT13658045456

    6. TL/1600/15JUN/CTU288

    7. SSR　ADTK　1E　BY　CTU15JUN17/1550　OR　CXL EU2269 Q20JUN

    8. RMK CA/ERGVZQ

    9. CTU288

第八步：PAT：A 自动计算运价（同时产生 EI 签注栏备注信息）

    ▶PAT：A

    01 Q FARE：CNY680.00 TAX：CNY50.00 YQ：TEXEMPTYQ TOTAL：730.00

    ▶SFC：01　▶SFN：01　（将光标移动到 SFC：01 的后面发送指令，在 PNR 中产生运价信息）

    1. 张程　2. 胡帅　JXFD60

    3. EU2269 Q　TU20JUN　CTUTYN DK2　0710 0920 320　0 E T2—A

    4. CTU/T CTU/T 028－86118844SI CHUAN WELLSHINE AIR SERVICE LTD/QIN ZHAO HUI　ABCDEFG

    5. OSI EU CTCT13658045456

    6. TL/1600/15JUN/CTU288

    7. FC/A/CTU EU TYN 680.00Q CNY680.00END

    8. SSR　ADTK　1E　BY　CTU15JUN17/1550　OR　CXL

EU2269 Q20JUN

   9. RMK CA/ERGVZQ

   10. RMK AUTOMATIC FARE QUOTE

   11. FN/A/FCNY680.00/SCNY680.00/C0.00/XCNY50.00/TCNY50.00CN/TEXEMPTYQ/ACNY730.00

   12. EI/CANZHAOCHENGHANGKEGUI 参照成航客规

   13. FP/CASH，CNY

   14. CTU288

第九步：输入乘机人证件信息，封口保存所有操作完成预定。

▶SSR FOID EU HK/NI510322199007117113/P1

SSR FOID EU HK/NI510322198707228115/P2

@

完整的 PNR 显示如下：

   1. 张程 2. 胡帅 JXFD60

   3. EU2269 Q TU20JUN CTUTYN DK2 0710 0920 320 0 E T2—A

   4. CTU/T CTU/T 028－86118844SI CHUAN WELLSHINE AIR SERVICE LTD/QIN ZHAO HUI ABCDEFG

   5. OSI EU CTCT13653045456

   6. TL/1600/15JUN/CTU288

   7. SSR FOID EU HK1 NI510322199007117113/P1

   8. SSR FOID EU HK1 NI510322198707228115/P2

   9. FC/A/CTU EU TYN 680.00Q CNY680.00END

   10. SSR ADTK 1E BY CTU15JUN17/1550 OR CXL EU2269 Q20JUN

   11. RMK CA/ERGVZQ

   12. RMK AUTOMATIC FARE QUOTE

   13. FN/A/FCNY680.00/SCNY680.00/C0.00/XCNY50.00/TCNY50.00CN/TEXEMPTYQ/ACNY730.00

   14. EI/CANZHAOCHENGHANGKEGUI 参照成航客规

15. FP/CASH，CNY
16. CTU288

第五节　多段行程预订

在国内客票销售过程中，凡是同一家航空公司同时预订两段以上的行程，我们称之为多段行程预定。如：往返程、联程。

一、往返程 RT

由始发地去往目的地，再回到原始发地的行程。

【例 5-9】我们订取 CTU-SYX-CTU。
▶AVH/CTUCAN/20MAY/D/CA
SD1Y1
AVH/CANCTU/25MAY/D/CA
SD1Y1　（须执行两次 AVH 和 SD 产生往返的航段信息）

二、联程、环程 CT

至少两段以上连续性的行程，中间不中断，同一家航空公司。如：
CTU-SHA-CAN

三、缺口程 OJ

在多段行程中，由于中途客人改变交通工具，造成了航段缺失、航段不连续。

【例 5-10】订取 CTU-SZX/CAN-CTU，缺失了 SZX-CAN。
▶AVH/CTUSZX/18MAR/D/CZ
SD2L1
AVH/CANCTU/23MAR/CZ/D
SD1E1

SA：SZXCAN （须用 SA 指令补充缺失的航段）

【说明】

1. 多段行程的预订，须保证每一段必须是相同的航空公司。

2. 在预订联程的时候，须保证足够的航班衔接时间，防止旅客接下来的行程误机。

3. 后续的订座流程和单程的预订是一样的，完成姓名组、联系组、时限组，产生 PNR。

第六节　儿童客票的规则及预订

一、儿童客票的规则

1. 儿童年龄必须在 2 周岁到 12 周岁之间，超过 12 周岁需购买成人票，乘机时使用户口本作为登机的有效证件，PNR 里记录的儿童出生年月必须与证件上的一致，如不一致将导致无法登机。

2. 订座时需要在儿童名字后面加 CHD 的标识，做票价时使用 PAT：A＊CH 或 PAT：＊CH，系统自动生成儿童票价。儿童客票没有机场建设费，燃油附加费为成人客票的一半。

3. SD 订舱位的时候分两种情况：

（1）当系统最低票价高于 5 折的时候，儿童票必须订公布运价舱位。（这个时候，儿童的订座代码与成人的订座代码不同，须分开产生 PNR，且须在儿童的 PNR 当中按照航空公司的规定备注成人客票的 PNR）

（2）当系统最低票价低于 5 折的时候，儿童票可以按成人舱位订并享受和成人一样的票价，此时依然按儿童姓名和票价的格式输入姓名和票价，方可享受儿童免机场建设费和燃油附加费减半的优惠。（此时儿童的订座代码和成人一致，可预订到同一 PNR 当中，但必须在儿童姓名后添加 CHD，且须增加儿童年龄的 SSR 备注）

4. 因涉及儿童的安全性，无人陪伴儿童购票须到航空公司办理。

5. 一个成年人可以带两名儿童，儿童乘机需要有户口本原件。携带超过2名儿童的旅客，其他儿童需要购买成人客票。

二、儿童客票预订简析

【例5-11】

假设成人张山（证件号码：123456）携带儿童张小山（证件号码：654321；出生日期：2015年4月8日）订购8月9日成都至厦门的客票（目前最低销售7折）。

第一步，按照订座流程订取成人客票。

▶avh/ctuxmn/9aug/d

09AUG（WED）CTUXMN DIRECT ONLY

1— MF8490　DS♯ FC AC J8 C2 D2 I2 OS YA H5 BA　CTUXMN 0635　0920　738 0˜S　E

▶　　　　MA LA KA NA QA VA TS RS US GS SA Z5

　　　T2 T3　2：45

2 ＊NS8490　DS♯ YA BA MA LA KA NA QA VA CTUXMN 0635　0920　738 0˜S　E

▶ MF8490

　　　T2 T3　2：45

3 ＊CZ5390　DS♯ YA BA MA HA UA AA LA EA KA QA CTUXMN 0635　0920　738 0˜S　E

▶ MF8490　　　NA

　　　T2 T3　2：45

4 ＊3U4082　DS♯ YA TA HA GA SA LA EA CTUXMN 0635　0920　738 0˜S　E

▶ MF8490

　　　T2 T3　2：45

5 ＊MF5049　DS♯ YA BA MA K5 NQ QQ VQ CTUXMN 0800　1040　321 0˜S　E

▶ 3U8869

　　　　　T1 T4　2：40
　　6　3U8869　DS♯ F8 I2 JS A2 YA BA TA HA G5 SQ　CTUXMN
0800　1040　321 0˜S　E
　　▶　　　　LQ EQ VQ RQ KQ NQ XQ UQ WQ QQ MQ ZQ
　　　　　T1 T4　2：40
　　＊＊　FLIGHT OF DR PLEASE CHECK IN 45 MINUTES BEFORE DEPARTURE AT CTU

▶SD6G1

NM1 张山

SSR FOID 3U HK/NI123456/P1

TKTL/1600/6AUG/CTU288

OSI 3U CTCT13658045456

@

WERT95 —EOT SUCCESSFUL，BUT ASR UNUSED FOR 1 OR MORE SEGMENTS

3U8869 G WE09AUG CTUXMN DK1 0800 1040

第二步，订取儿童客票。

▶avh/ctuxmn/9aug/d

▶SD6Y1

NM1 张小山 CHD

SSR FOID 3U HK/NI654321/P1

TKTL/1600/6AUG/CTU288

OSI 3U CTCT13658045456

@

WECS3M —EOT SUCCESSFUL，BUT ASR UNUSED FOR 1 OR MORE SEGMENTS

3U8869 G WE09AUG CTUXMN DK1 0800 1040

第三步，提取儿童PNR补充备注。

▶RT WECS3M

1. 张小山 CHD　WECS31

2.3U8869 G　WE09AUG　CTUXMN HK1　0800 1040 321　0 E T1T4—A
　　3. CTU/T CTU/T 028－86118844SI CHUAN WELLSHINE AIR SERVICE LTD/QIN ZHAO HUI　ABCDEFG
　　4. OSI EU CTCT13658045456
　　5. TL/1600/06AUG/CTU288
　　6. SSR FOID 3U HK1 NI654321/P1
　　7. SSR ADTK 1E BY CTU4AUG/1230 OR CXL 3U8869 G09AUG
　　8. RMK CA/P0TSD3
　　9. CTU288
▶SSR CHLD 3U HK1 08APR15/P1　（备注儿童出生日期）
OSI 3U ATD PNR IS WERT95（备注成人客票PNR）
@

第七节　婴儿客票

一、婴儿客票规则

　　1. 婴儿年龄必须在2周以上、2周岁以下。婴儿客票价格为成人全价票的10%，婴儿客票无机场建设费和燃油附加费。
　　2. 一名成人只限携带一名婴儿；超过一名婴儿，第二名婴儿需按儿童票购买（第二名婴儿占座）。婴儿乘机时一般需持出生证明。
　　3. 婴儿必须有成人陪同，不可单独购票。订座时，先将成人PNR订好，然后插入婴儿票记录的三个基本构成项，待婴儿座位申请成功（SSR项里的NN1变成红色的KK1）即可出票；打票时，婴儿票的行程单会在所跟随的成人票行程单打印完后打出。

二、婴儿客票预定

婴儿票有三个基本构成项：

1. 姓名组：▶XN：IN/姓名 INF（出生年月）/P1
2. 运价：▶PAT：A÷IN，系统自动生成婴儿的 FC、FN、FP 项
3. SSR 项：▶SSR INFT 航空公司代码 NN1 城市对 航班号 舱位 起飞日期

婴儿姓/婴儿名 出生日期/旅客序号

【例 5-12】

假设成人胡帅携带婴儿胡铁航（出生日期 2016 年 5 月 9 日），订购 7 月 22 日重庆至福州的客票。

▶AVH/CKGFOC/22JUL/D

22JUL (SAT) CKGFOC DIRECT ONLY

1- *SC4569　DS♯ FA YA BS MS HS KS LS QS VS US CKGFOC 1655　1925　73G 0⌃　E
　▶ CA4569　　SA
　　　T2 —　2：30

2 *TV6503　DS♯ FA YA BS MS HS KS LS QS GS VS CKGFOC 1655　1925　73G 0⌃　E
　▶ CA4569
　　　T2 —　2：30

3 *ZH4569　DS♯ FA YA　　　　　　　　CKGFOC 1655　1925　73G 0⌃　E
　▶ CA4569
　　　T2 —　2：30

4 CA4569　DS♯ FA AS JC CC DC ZC RC YA BS MS　CKGFOC 1655　1925　73G 0⌃M　E
　▶　　　　US HS QS VS WS SS TA LS NL KS
　　　T2 —　2：30

5+ MF8412　DS♯ FC AC J8 C4 D2 IS OS YA HA BA　CKGFOC

　　　1755　2020　737 0 D　E
　　　　▶　　　　　MA LA KA NA QA VS TS RS US GS S5 Z2
　　　　　　T2—　2：25
　　　＊＊　FLIGHTS OF DR PLEASE CHECK IN 45 MINUTES BEFORE DEPARTURE AT CKG
　　▶SD4Y1
　　NM1 胡帅
　　TKTL/1500/18JUL/CTU288
　　OSI CA CTCT1358045456
　　@
　　TYFGJ2 —EOT SUCCESSFUL，BUT ASR UNUSED FOR 1 OR MORE SEGMENTS
　　CA4569 YSA22JUL　CKGFOC　　1655 1925
现在重新提取成人PNR补充婴儿客票。
　　▶RT TYFGJ2
　　1. 胡帅　TYFGJ2
　　2. CA4569 Y　SA22JUL　CKGFOC DK1　1655 1925 73G　0 RE T2—
　　3. CTU/T CTU/T 028—86118844SI CHUAN WELLSHINE AIR SERVICE LTD/QIN ZHAO HUI　ABCDEFG
　　4. OSI CA CTCT13658045456
　　5. TL/1600/18JUL/CTU288
　　6. SSR　ADTK　1E　BY　CTU16JUL17/1550　OR　CXL CA4569 Y22JUL
　　7. RMK CA/JU9HG4
　　8. CTU288
　　▶XN：IN/胡轶航 INF（MAY16）/P1
　　SSR　INFT　CA　NN1CKGFOC　4569　Y22JUL　HU/YIHANG 09MAY16/P1
　　@

成功完成以后的 PNR，SSR INFT 项的 NN1 将会变成红色的 KK1。

▶RT TYFGJ2

1. 胡帅　TYFGJ2
2. CA4569 Y　SA22JUL　CKGFOC DK1　1655 1925 73G　0 RE T2—
3. CTU/T CTU/T 028－86118844SI CHUAN WELLSHINE AIR SERVICE LTD/QIN ZHAO HUI　ABCDEFG
4. OSI CA CTCT13658045456
5. TL/1600/18JUL/CTU288
6. SSR　ADTK　1E　BY　CTU16JUL17/1550　OR　CXL CA4569 Y22JUL
7. XN/IN/胡轶航 INF（MAY16）/P1
8. SSR　INFT　CA　KK1　CKGFOC　4569　Y22JUL　HU/YIHANG 09MAY16/P1
9. RMK CA/JU9HG4
10. CTU288

第八节　团队客票

在代理人系统中，10 人以上 PNR 必须组成团队。10 人以下为散客。团体 PNR 与一般 PNR 的区别是增加了团体姓名组 GN。GN 是团体 PNR 中必不可少的组项，它由团体人数和团体名称组成。

【指令格式】▶GN：团体人数/团名

【说明】

1. 团体 PNR 必须要有团名。
2. 团名可由英文字母和斜线（/）组成，不可用中文做团名。
3. 团名最长 50 个字符，最短 2 个字符。
4. 团名建立后不可更改。

5. 一个团体最多可有511名旅客。

6. 旅客姓名可以在建立PNR时输入，也可以在产生PNR后分步输入。

7. 在建立团体PNR后，代理人可根据实际需要取消或分离部分旅客或空余座位，分离出的新的PNR仍为团体PNR，且团名仍为原团名。

8. 团队客票价格一般为一团一议，按照航空公司给出的价格订座申请。

9. 航空公司的旅游团队产品可3人成团，一般通过航空公司的B2B平台申请团队出票，不需要使用系统订座。

【例5-13】

建立一个团名为TANGSHAN的12人的团体PNR。

▶GN：12TANGSHAN

输出后显示为：0.12TIANMA NM0

1. PEK099。

【说明】由于NM项代表该团体中已输入的旅客姓名数，本例未输入旅客姓名，因此NM为0。输入几个姓名，NM后即为相应的已输入的旅客姓名数。

团体PNR完整的预订流程举例：

▶AVH/CTUCAN/15APR/D

……

▶SD7H/LL11

▶GN20DONGXING

▶OSI CZ CTCT13658045456

▶TKTL/2200/+/CTU001

▶@

CZ3404　H　TH15APR　CTUCAN　NN11　1050 1300

R9DV0S

▶RT R9DV0S（可以使用"RT：N/PNR编码"的格式一次提取PNR记录和旅客姓名）

0.11DONGXING NM0 R9DV0

1. CZ3404 H TH15APR CTUCAN NN11 1050 1300 E

……

▶NM1 胡帅 1 刘准 1 罗建伟 1 吴小平 1 唐波 1 王艳丹 1 陈雨竹 1 杨坤朝－1 王志鸿 1 刘天刚 1 吴贰

▶@

▶RT R9DV0S

0.11DONGXING NM11 R9DV0S

9. CZ3404HTH15APRCTUCANHN2010501300

……

▶RT：N

0.11DONGXING NM11 R9DV0S

1. 陈雨竹 2. 胡帅 3. 刘准 4. 刘天刚 5. 罗建伟 6. 唐波 7. 王艳丹 8. 王志鸿 9. 吴小平 10. 吴易 11. 杨坤朝

9. CZ3404 H TH15APR CTUCAN HN11 1050 1300

……

▶SSR FOID CZ HK/NI12345/P1

▶SSR FOID CZ HK/NI123456/P2

▶SSR FOID CZ HK/NI123457/P3

▶PAT：A

01 H FARE：CNY1040.00 TAX：CNY50.00 YQ：CNY40.00

TOTAL：1130.00

▶SFC：01

▶EI：不得签转更改退票

▶RMK：12号出票

▶@

【说明】

1. 即便是航班有座位，团体 PNR 的座位也应该申请，该申请会进入航空公司相应的信箱中，由航线控制人员确认是否予以批准。

2. 若有座位，控制人员将行动代码由"HN"改变为"KK"；若没有座位，行动代码由"HN"改变为"UU"或"NO"。

3. 团体客票一般要求在航班起飞前三天出票。

团体客票操作流程：

1. 先查询好行程，需要哪个航空公司的哪个航班以及多少个位子。

2. 拨打航空公司该航线的航线控制室电话，询问可不可以申请到指定日期指定航班的团体票。如果可以，问清楚最低可以申请到几折，订座时订什么舱位。

3. 如果有位子，即可预订指定日期、指定航班、指定舱位、指订座位数的团体 PNR。

4. 打电话到航线控制室告知控制人员预订的 PNR 编码并让其尽快"K 位"。

5. RT 编码后，行动代码变为红色"KK"，说明所申请的团体座位已经得到航空公司的确认，即已"K 位"，这时封口重新 RT 出编码后即可出票。

【注意】

每个航空公司的舱位代码都不一样，订位时一定要问清楚订什么舱位。订位时最好多预订几个位子，这样如果名字错了或者人数临时有增加，可以预备多的位子，等确定了人数和姓名时，多的位子可以删除。

本章练习题：

1. 为自己同寝室和隔壁寝室的同学各预订一张 2017 年 11 月 6 号成都到桂林的客票。假设订座航班序号为 3，中国国际航空公司舱位为 B，配置号为 CKG286，要求至少提前 7 天出票，请写出完整的订座流程。

2. 为李明（411523197809071312，13677189025）和他儿子李小虎（2014年9月8日），李华（423112619 8012171236）和他的女儿李晨（2014年12月7日）、周欣（411523197903261820）和她的儿子周周（2012年8月16日）各预订一张2016年12月18日成都到福州（CZ3146，5折E舱，航班序号为6），2017年12月22日厦门到成都（CZ3147，8折H舱，航班序号为3）的票。配置号为NKG126。请写出完整的查询和预订流程。

第六章　PNR 的操作和修改

第一节　散客 PNR 的生效

在修改或建立新的 PNR 时，必须用封口指令@（或 \ \），使修改或建立的 PNR 生效。只有封口后，才可以继续建立或修改其他 PNR。

【指令格式】@［选择代码］

【说明】

1. 封口指令可以单独输入，也可以在一组指令的最后输入。
2. 封口时会自动检查所输入的内容是否完整。
3. 封口后，旅客的订座记录编号及航段信息将显示在屏幕上。
4. 选择代码说明。

（1）选择代码 K。

①将 KK，KL 或 TK 变为 HK。

②将 UU，US 或 TL 变为 HL。

③将 TN 变为 HN。

④将带有 NI，UC，UN 的项移到 PNR 的历史部分。

⑤PNR 中的任何航班更改标识（闪动的 S，P，C）或航班信息标识（闪动的 I）都将被抹去。

（2）选择代码 I。

①当航段不连续，有航班变更标识，两个连接航段的停留时间小于最

小连接时间等情况时,可用此选项强行封口。

②当 PNR 中每一项内容输入后,封口时还要检查所有航段的连续性。如果航段不连续,则根据具体情况,采用选择代码强行封口。

③@IK 可以同时使用。

④如果营业员建立了航段组,但未封口,且时间超过 5 分钟,这时由系统内部自动做 IG,将座位还原,防止恶意虚耗座位。营业员应做 IG,并重新建立 PNR。

【例 6-1】最常见的封口,就是对 PNR 的确认,并生效。

▶SD1Y1

▶NM1WANG/JUN

▶OSI CA CTCT66017755

▶TKTL/1200/7DEC/BJS123

▶@

CA1501 Y FR10DEC PEKSHA HK1 0840 1035

N6B4M7

【例 6-2】@K 的使用

▶RT MWDP95

1. GAO/FENG MWDP95

2. 3U4182 T TU20OCT PEKKMG KK1 1810 2110

3. BJS/T PEK/T 010－65538922/CHINA AIR SERVICE COMPANY/DONG SHU HUA

4. NC

5. TL/1200/15OCT/BJS191

6. RMK CA/NMBZ

7. BJS191

▶@K

用@K 封口后再提 PNR,显示:

▶RT MWDP95

1. GAO/FENG MWDP95

2. 3U4182 T TU20OCT PEKKMG HK1 1810 2110

（PNR 其他项省略）可以看到 KK 的行动代码变成了 HK。

【例 6-3】@I 的使用

新建 PNR 如下：

1. XIE/FENG
2. CA977 Y SA10OCT PEKCAN DK1 0815 1115 763 S 0
3. 3U561 Y TH15OCT CTUSHA DK1 0800 1000 320 S 0

（PNR 其他项省略）

用@封口，系统显示：

▶@

CHECK CONTINUITY

提示代理人航段不连续。代理人在确认航段没有错误的情况下，使用 SA 指令输入缺口程城市对代码并使用@I 封口，系统输出：

▶SA CANCTU

▶@I

CA 977 Y SA10OCT PEKCAN DK1 0815 1115

3U 561 Y TH15OCT CTUSHA DK1 0800 1000

N6WG76

以下为出错信息提示：

1. CHECK CONTINUITY：检查航段的连续性，使用@I。
2. CONTACT ELEMENT MISSING：缺少联系组，将旅客的联系电话输入 PNR 中。
3. MAX TIME FOR EOT – IGNORE PNR AND RESTART：建立了航段组，但未封口的时间超过 5 分钟。这时系统内部已经做了 IG，将座位还原，营业员应做 IG，并重新建立 PNR。
4. NAMES：PNR 中缺少姓名项。
5. SEATS：订座数与输入姓名数不符。
6. SIMULTANEOUS MODIFICATION—REENTER MODIFICATION：PNR 正被其他人修改，应该 IG，并重新输入当前的修改。

第二节　PNR 的提取

在代理人系统 CRS 中我们可以通过以下方法提取旅客订座记录：
1. 根据记录编号提取 PNR。
▶RT：记录编号
2. 根据旅客姓名提取 PNR。
▶RT：姓名／航班／日期／航段
【例 6-4】提取 8 月 24 日 CA1501 航班上姓名为"陈鹏"的旅客。
▶RT：CHEN/CA1501/24AUG
系统输出：
NAME LIST
CA1501/24AUG
001 1CHEN/WEI　　P9NM0　C　RR1　BJS160　20AUG99
002 1CHEN/PENG　　NENC2　C　RR1　BJS160　23AUG
003 1CHEN/DERONG　MH4E5　Y　HX1　BJS160　09AUG99
004 1CHEN/XINGYU　MMYZ8　Y　RR1　BJS160　16AUG99
END
【说明】
（1）根据姓名提取 PNR 时，既可以输入旅客的全名，也可以只输入姓氏。
（2）若只输入姓氏，则航班上以该姓氏字母开头的旅客记录全部显示出来。
（3）提取 PNR 时无论姓名是中文还是英文，都应输入字母。
3. 根据旅客名单提取 PNR。
我们可以先提取航班上由本部门建立的全部旅客记录即 ML，然后再根据序号提取 PNR。
【例 6-5】已有旅客名单显示如下：

▶ML：B/CA1501/6OCT

MULTI

CA1501/06OCT B

PEKSHA

001 1LI/ANGYU   PBJS3   Y   RR1   BJS191   29SEP98

002 1LIN/TONG   NGC35   Y   RR1   BJS191   30SEP98

TOTAL NUMBER 2

如果要提取其中的第一个记录，则输入▶RT1

4. 根据航空公司记录编号提取 PNR。

如果旅客在航空公司系统（ICS）直接订座生成 PNR，则在 CRS 中没有相应记录。这种情况下，代理人如果想提取该记录，需要使用 RRT 指令将 ICS 系统中生成的 PNR 编码（大编）转换成 CRS 系统中的编码（小编）。

RRT 指令分为三步：

（1）▶RRT：V/记录编号/航班/日期（将所要提取的 PNR 显示在屏幕上）

（2）▶RRT：OK（使 PNR 在 CRS 系统生成并生效。）

（3）▶@（封口生效产生小编）

【例 6-6】现有一航空公司系统记录编号 JZS19L，无 CRS 记录编号。旅客来出票，代理人需要将大编转换成小编。

▶RRT：V/JZS19L/MU5110/10OCT

系统会将 ICS 系统的 PNR JZS19 显示在屏幕上。

1. GAO/FENG

2. MU5110   Y   SA10OCT   PEKNKG   HK1   1205 1335

3. NC

4. TL/1200/07OCT/SHA001

5. SHA001

▶RRT：OK

1. GAOFENG NDTRRE

2. MU5110 Y SA10OCT PEKNKG HK1 1205 1335

3. NC

4. TL/1200/7OCT/BJS191

5. RMK CA/JZS19L

6. RMK CLAIM PNR ACK RECEIVED

7. BJS191

▶@

MU5110　Y　SA10OCT　PEKNKG　HK1　1205 1335 NDTRRE

可以看到系统给出了 CRS 系统的记录编号 NDTRRE，并且将 ICS 系统的记录编号 JZS19L 记入了 RMK 项，说明该 PNR 在 CRS 系统已经生成，对应 ICS 系统的记录 JZS19L。然后可进行其他处理。

一、提取完整的 PNR

PNR 在建立的过程中，有时会经过多次修改，营业员对订座记录的任何修改都会记录在 PNR 中。RT 看到的 PNR 的内容是 PNR 的现行部分。我们先来看一下 PNR 的结构：

PNR 的现行部分——RT 看到的 PNR 的内容

PNR 的历史部分——被修改过的 PNR 的内容

若要查看完整的 PNR 的内容，可以使用 RTC 指令。

指令格式：▶RT：C/记录编号

【例 6-7】提取 PNR MZ1YGK 的完整内容。

▶RT：C/MZ1YGK

输入后，完整 PNR 显示为：

004 HDQCA 9983 0137 31JUL98 /RLC3

1. CHEN/XUFAN（001）MZ1YGK

001 2. CA1321 K MO10AUG98PEKCAN RR1 0900 1200 DR（001）RR（001）

001 3. BJS/T BJS233/T 010－65128344/XH AIR THROUGH TRANSPORTSERVICE CO. /YANG HONG PEI ABCDEFG

001 4. PEK/TAS01

003 5. T/9991124995051LGR

002 6. RMK CA/H45VFT

001 7. BJS233

【说明】

PNR 中每一项前面的序号（001，002，003，004）表示这一项是在第几次封口中加入的。

从上面的 PNR 中可以看出：

1. 第一步操作，所有序号为 001 的项均是第一次封口时完成的，PNR 中加入了姓名组、航段组、代理人联系组和责任组。

2. 第二步加入了 RMK 项。

3. 第三步加入了票号项。

4. 最上面的 004 项表示这个 PNR 的最后一次修改是第四步，并且标出了修改时间和工作号。

二、提取 PNR 的历史部分

该指令可以直接将每次修改后的内容显示出来。例如，营业员查看航空公司系统是否有反馈信息时，即可使用该指令。

▶RT：U 第几次封口

【例 6-8】查看第 4 步之后的修改，▶RT：U4

返回 PNR 的现行部分：营业员在做"RTC"或"RT：Ux"时，有时需要返回 PNR 的现行部分。输入▶RT：A，即可完成该工作。

第三节　PNR 的修改和取消

在日常工作中经常遇到对 PNR 进行修改的情况。

（1）姓名组使用以下方式修改：

▶旅客姓名的序号 / 所需修改的旅客人数 旅客姓名（特殊旅客代码）

（2）除姓名组外的其他项，可以用"XE：序号"先取消，然后再增加新的内容。

一、姓名组的修改

【例6-9】现有三人的旅客记录 M4MDS 如下：

1. GAO/FENG　2. HAO/HAIDONG　3. LI/BING　M4MDS9

（PNR 中其他项省略）

将标识1的旅客 GAO/FENG 改为 XIE/FENG：

▶1/1XIE/FENG

封口后，再提取 PNR：

▶RT：

1. HAO/HAIDONG　2. LI/BING　3. XIE/FENG　M4MDS

（PNR 中其他项省略）

【说明】修改姓名时若出现类似"NO Name Change for CZ/Y"的提示，是指航空公司限制修改姓名。（只有 ICS 航空公司系统高级别工号方可修改姓名）

二、航段组的修改

【例6-10】已建立以下 PNR MWDBQ8

1. ZHANG/KE MWDBQ8
2. ZH4516 Y MO01FEB SHACTU HK1 1040 1320
3. BJS/T　PEK/T　010－65538922/CHINA AIR SERVICE COMPANY/DONG SHU HUA
4. 64357823
5. TL/1200/25JAN/BJS191
6. RMK CA/JNDVY3
7. BJS191

现在旅客想要将行程改为2月2日的 ZH4516 航班的 Y 舱，需修改航段组。步骤如下：

① 取消原航段组

▶RT MWDBQ8

▶XE2（2 为航段组序号）

② 建立新的航段组

▶AVH/SHACTU/02FEB/ZH/D

▶SD3Y1

▶@

SZ4516 Y TU02FEB SHACTU DK1 1040 1320

MWDBQ8

三、将建立的航段并入 PNR 中

当旅客已有一个 PNR，需要把建立的航段并入这个 PNR 中。首先提出这个记录，然后通过并入航段指令（ES）并入。

▶ES：

【例 6-11】为旅客订取一航段，并将其并入已存在的 PNR。

营业员用 SD 订取了一航段：

▶AVH/PEKCAN/10OCT/D

▶SD5Y1

输入后显示：

1. CA1321 Y SA10OCT PEKCAN DK1 0900 1200 340 S 0

2. PEK099

提取已存在的 PNR M4MMN9：

1. XIE/FENG M4MMN9

2. CZ3101 K TU01DEC CANPEK HK1 0820 1050

3. C2526

4. TL/1200/5OCT/PEK099

5. RMK CA/JV3LM0

6. PEK099

▶ES：

输出显示：

1. XIE/FENG M4MMN9

2. CA1321 Y SA10OCT PEKCAN DK1 0900 1200 340 S 0

3. CZ3101 K TU01DEC CANPEK HK1 0820 1050

4. C2526

5. TL/1200/5OCT/PEK099

6. RMK CA/JV3LM0

7. PEK099

【说明】

在航班有座位的情况下，提取 PNR，订取另外的航段即可；在航班座位比较紧张时，如果偶然间订到一个座位，这时需要将此航段加到另外一个 PNR 里（重新订位可能订不上），使用 ES 指令。

出错信息提示如下：

NO PNR：待合并的 PNR 不存在。

四、PNR 的取消

PNR 取消的指令格式：▶XEPNR@

PNR 取消的操作程序：

第一步使用 PNR 提取指令提取要取消的 PNR。

第二步执行 PNR 取消指令：▶XEPNR@。

第三步提取取消的 PNR，查看是否取消成功并封口。

【例 6－12】

▶RT：NW972S

1. 魏丽 NW972S

2. CA1301 Y MO17JAN PEKCAN RR1 1450 1745

3. BJS/T PEK/T－010－64679078/HAI XIA TRAVEL AGENCY TICKET OFFICE/FENG ZHU

4. SHUO KE FA

5. T

6. RMK CA/K5JX2R

7. FN/FCNY1360.00/SCNY1360.00/C3.00/ACNY1360.00

8. TN/999－6051923394/P1

9. FP/CASH，CNY

10. BJS105
▶XEPNR@
PNR CANCELLED NW972S
▶RTD1NP7（PNR 取消后的状态）
＊THIS PNR WAS ENTIRELY CANCELLED＊
005 HDQCA 9983 0328 03MAY /RLC4
X1. 张华（001）X2. 赵四（001）D1NP7
001 X3. MU2477 Y TU04MAY WUHSZX XX2 0805 0935
LL（001）DK（001）HK（001）XX（004）
001 X4. BJS/T PEK/T－010－64679078/HAI XIA TRAVEL AGENCY TICKET OFFICE/FENG ZHU
001 X5. 13676189025
001 X6. TL/2200/03MAY/WUH262
002 X7. RMK CA/Z858ER
0018. WUH262
▶@
NO PNR

【注意】对预订状态的 PNR，如果不需要，那么要及时取消；但是，对于已经出票的 PNR，非旅客确定退票的情况下千万不能取消，否则将导致旅客不能正常登机。

第四节　PNR 的分离

有时 PNR 中的部分旅客要更改航程，或是需要单独操作和修改，这时就要用到 SP 指令将这部分旅客分离出来，以便生成一个新的 PNR 进行修改，而将其他旅客保留在原 PNR 中。这里主要介绍散客 PNR 的分离。团体 PNR 的分离请参见下一节内容。

【指令格式】

▶SP：旅客序号/旅客序号……

▶SP：2/5/7/10

【例6-13】有3人的PNR如下：

▶RT MS5RV2

1. HAO/HAIDONG   2. LI/BING   3. XIE/FENG MS5RV2

4. MU5118 Y TU20OCT PEKTNA HK3 1050 1130

（PNR其他项省略）

现在需要将HAO/HAIDONG和XIE/FENG分离出来，步骤如下：

①输入指令：▶SP：1/3，系统显示：

1. HAO/HAIDONG   2. XIE/FENG

3. MU5118 Y TU20OCT PEKTNA HK2 1050 1130

（PNR其他项省略）

②代理人确认正确后输入封口指令

▶@

MU5118 Y TU20OCT PEKTNA HK2 1050 1130

MS6XS3 SPLIT FROM MS5RV2

可以看到新PNR MS6XS3是从PNR MS5RV2中分离出来的，新PNR中有HAO/HAIDONG和GAOFENG两人，在MS5RV2中只剩LI/BING一人。

▶RT MS6XS3

1. HAO/HAIDONG   2. XIE/FENG MS6XS3

3. MU5118 Y TU20OCT PEKTNA HK2 1050 1130

（PNR其他项省略）

▶RT MS5RV2

1. LI/BING MS5RV2

2. MU5118 Y TU20OCT PEKTNA HK1 1050 1130

（PNR其他项省略）

【说明】

某些系统规定，某些航班只允许分离一次。因此，PNR中存在这些航段时，该PNR只允许分离一次。如果仍有旅客需要更改行程，只能为其重新建立新的记录。

【例6-14】

PNR内容如下所示，现发现李华的名字有误，正确名字为李桦；张哲和张兵的身份证号码输反了；舱位应该是E舱。请把错误的内容修改过来，然后把张哲和张兵分离出来，单独出票。

▶RT XFD60Q

1. 刘华 2. 张哲 3. 赵山 4. 张兵 5. 李华 XFD60Q
6. CZ3849 LFR25JUNWUHHGH HK50745 0845E
7. WUH/T WUH/T 027－85489185/WUH TIAN XIANG AVATION AGENTY/SHI XIAO MEI ABCDEFG
8. 13476139628
9. TL/2200/21JUN/WUH262
10. FC/A/WUH CZ HGH 430.00L CNY430.00END
11. SSR FOID CZ HK1 NI123456/P1
12. SSR FOID CZ HK1 NI1234568/P2
13. SSR FOID CZ HK1 NI1234569/P3
14. SSR FOID CZ HK1 NI1234560/P4
15. SSR ADTK 1E BY WUH21JUN10/0346 OR CXL CZ3849 L25JUN
16. RMK CA/ERGVZS
17. RMK AUTOMATIC FARE QUOTE
18. FN/A/FCNY430.00/SCNY430.00/C3.00/XCNY70.00/TCNY50.00CN/TCNY20.00YQ/ACNY500.00
19. FP/CASH，CN
20. WUH262

▶@

NO PNR

▶RTXFD60Q

……

▶5/1 李桦

▶@K
▶RT XFD60Q
……
▶XE12
▶XE14
▶SSR FOID CZ HK1 NI1234568/P4
▶SSR FOID CZ HK1 NI1234560/P2
▶@K
▶RTXFD60Q
……
▶XE6
▶XE10
▶XE18
▶XE19
▶@K
▶RTXFD60Q
……
▶AVH/WUHHGH/25JUN/CZ/D
……
▶SD3E5
▶PAT：A
▶@K
▶RTXFD60Q
……
▶SP：2/4
CZ3849 E　FR25JUN　WUHHGH　HK5　0745 0845
NS6XV4 SPLIT FROM XFD60Q

第五节 团体 PNR 座位的分离和取消

一、已输入旅客姓名的团体 PNR 的分离

分离已输入姓名的团体 PNR 与分离散客 PNR 的方法相似，指令格式如下：

▶SP：旅客序号/旅客序号

二、输入姓名的团体 PNR 的分离

分离未输入姓名的团体 PNR 时，只需要指定所分离的旅客人数，不涉及旅客序号。指令格式如下：

▶SP：G/座位数

【例 6-15】从未输入姓名的 PNR MHNG3T 中分离出 5 个座位。

▶RTMHNG3T

0.15KKK NM0 MHNG3T

……

6. BJS191

▶SP：G5（从 PNR MHNG3T 中分离出 5 个空位）

0.5KKK NM0

……

6. BJS191

▶@（封口将分离出的 5 个座位形成新的 PNR）

CZ3609 TSU14FE BCANSHA HN5 0750 0940

M5907E SPLI TFROM MHNG3T

三、同时分离指定姓名的旅客和没有指定姓名的座位

当 PNR 中只输入了部分旅客姓名，并且需要同时分离指定姓名的旅

客和没有指定姓名的座位时，需要用这种方法处理。指令格式如下：

▶SP：G/座位数/旅客序号/旅客序号

【例6-16】将2个未输入名字的座位和P1、P3两位旅客从PNR MXBX3S中分离出来。

▶RT：N/MXBX3S

0.10TOUR NM3 MXBX3S

……

9. BJS191

▶SP：G2/1/3（将2个空座位和P1、P3从MXBX3中分离出来）

0.4TOUR NM2

……

▶@（封口生成新的PNR）

CZ3379 YSU15OCT CSXCAN HN4 14201520

MXCF30 SPLIT FROM MXBX3S

四、取消已输入姓名的旅客座位（散客也照此处理）

【指令格式】▶XE：P/旅客序号/旅客序号

【例6-17】取消PNR NFT48中的P1和P3两位旅客。

▶RT NFT48H

1. 范致 2. 高峰 3. 郑海 4. 李斌 NFT48H

……

10. BJS191

▶XE：P/1/3（取消P1和P3两位旅客）

2. 高峰 4. 李斌 NFT48H

……

10. BJS191

▶@

MU2478 YTU20OCT KMGCAN HK2 10151140

NFT48H

五、取消未输入姓名的团体 PNR 中的座位

【指令格式】 ▶XE：G/座位数

【例 6-18】 ▶XE：G/2

六、同时取消指定姓名的旅客和没有指定姓名的座位

【指令格式】 ▶XE：G/座位数 /P/旅客序号

【例 6-19】 ▶XE：G3/P/1/2

本章练习题：

1. 将 PNR XFD60S 中旅客姓名刘华改成刘德坤。

2. 将航班日期更改为 6 月 27 号。

3. 将刘华分离出来，根据要求写出修改程序，PNR 信息如下所示。
▶RT XFD60S
1. 刘华 2. 池华礼 XFD60S
3. CZ3849 LFR25JUNWUHHGH HK10745 0845E
4. WUH/T WUH/T 027－85489185/WUH TIAN XIANG AVATION AGENTY/SHI XIAO MEI ABCDEFG
5. OSI CZ CTCT13476139628
5. TL/2200/21JUN/CTU001
6. SSR ADTK 1E BY WUH21JUN10/0346 OR CXL CZ3849 L25JUN
7. RMK CA/ERGVZ4
8. WUH179

第七章　电子客票出票

第一节　电子客票状态提取

使用 DETR 指令提取电子客票记录。在提取电子客票记录的时候，如果满足 DETR 指令输入的查找内容的客票超过一张，那么系统将列出所有有效的电子客票记录；如果只有一个符合要求的电子客票记录，那么系统显示这张电子客票的票面信息。【指令格式】

1. DETR：TN/票号（按照票号提取电子客票记录）
2. DETR：NI/身份证号码（按照旅客身份证号码提取电子客票记录）
3. DETR：NM/旅客姓名（按照旅客姓名提取电子客票记录）
4. DETR：TN/票号，F（提取电子客票旅客身份识别码）
5. DETR：CN/ICS 订座记录编码（按大编提取电子客票记录）
6. DETR：CN/ICS 订座记录编码，C（按大编提取电子客票全部记录）
7. DETR：TN/票号（提取电子客票历史记录）
8. DETR：TN/票号，P（按票号提取过期的电子客票信息）

【例 7-1】按票号提取电子客票记录

▶DETR：TN/880-5440202032（系统输出）

▶DETR：TN/880-5440202032

```
        ISSUED BY：HAINAN AIRLINES        ORG/DST：XIY/HAK
    ISI：SITI BSP-D
        TOUR CODE：
RECEIPT PRINTED
        PASSENGER：张伟
        EXCH：         CONJ TKT：
        O FM：1XIY HU   3068   Y   18OCT   2100   OK   Y          20K
OPEN FOR USE
        RL：BQH5ES    /R6D03C   1E
        TO：HAK
        FARE：          CNY 1730.00
        TAX：           CNY 50.00
        TOTAL：         CNY 1780.00 | TKTN：880-5440202032
```

ISI：国际销售代号；

SITI：销售和出票均在始发国；

ASL-D：航空公司国内电子客票标识；

ASL-I：航空公司国际电子客票标识；

BSP-D：航协国内电子客票标识；

BSP-I：航协国际电子客票标识；

RECEIPT PRINTED：已打印行程单；

OPEN FOR USE：电子客票状态。

客票状态说明：

OPEN FOR USE	客票有效
VOID	已作废
REFOUND	已退票
CHECK IN	已办理值机
USED/FLOWN	客票已使用（飞机起飞24小时后）
SUSPENDED	挂起状态，客票不能使用
LIFTED/BOARDED	旅客已经登机（飞机起飞24小时内）
PRINT/EXCH	客票已打印，换开为纸票

UNAVAILABLE 客票不可用
▶DETR：TN/张华
▶DETR：TN/880-5440202018　　　　NAME：张华
FOID：NI8812345677　　　HU7182/18OCT04/PEKHAK OPEN
FOID：NI8812345677　　　HU7181/18OCT04/HAKPEK OPEN
▶DETR：TN/880-5440202032NAME：张华
FOID：NI1101017001001　HU3068/18OCT04/XIYHAK　OPEN
▶DETR：TN/880-5440202042NAME：张华
FOID：42　　　　　　　HU7182/18OCT04/PEKHAK　OPEN
FOID：42　　　　　　　HU7181/18OCT04/HAKPEK　OPEN
END OF SELECTION LIST

按照旅客姓名提取电子客票记录，得到多个电子客票记录。

▶DETR：TN/8805440202060，H
NAME：张华　　　TKTN：8805440202060
IATA OFFICE：08020283　　ISSUED：04OCT04
6 1 07AUG/0030/9940　　　NFMT COUPON REPORTED
5 1 06AUG/1938/9940　　　ETLU C/F
4 1 06AUG/1827/17373　　　CHIN O/C HU7318/06AUG04/M/HAKPEK
3 1 04OCT/1817/9983　　　RVAL CHG FLT FROM HU7181/05OCT04/Y/HAKPEK
　　　TO HU7381/06OCT04/Y/HAKPEK
2 0 4OCT/1010/9983　　　TRMK RECEIPT HAD BEEN PRINTED
1 0 4OCT/0953/29821　　　TRMK HAK+HAK144+DEV-2

电子客票历史记录修改类型说明如下：

TRMK　　　　注释
CKIN　　　　值机
RVAL　　　　更改航班和日期
TKSU　　　　手工修改航段状态
ETLU　　　　系统 ETL 报文自动更新航段状态

```
CRSUCRS              系统更新
EOTUCRS              系统 PNR 封口
NFMT                 生成结算数据报告
```
▶DETR：TN/880-5440202032，F

▶DETR：TN/880-5440202032，F

NAME：张 华   TKTN： 8805440202032

RECEIPT PRINTED

  1 NI110101700101001

第二节　电子客票的出票

【指令格式】

一、TDZ：打票机序号（出一个 PNR 里所有旅客的票）

【例 7-2】▶ETDZ：2

二、ETDZ：打票机序号/旅客序号或旅客序号范围（出 PNR 里指定旅客的票）

【例 7-3】▶ETDZ：2/P1（出指定 PNR 里 P1 旅客的票）

▶ETDZ：2/P1-15（出指定 PNR 里 P1 到 P15 这些旅客的票）

三、一个 PNR 里有成人和婴儿时分开出票的方法

▶ETDZ：6/P3，ADL（出指定 PNR 里第三个成人的票）

▶ETDZ：6/P2，INF（出指定 PNR 里第二成人所跟随婴儿的票）

▶ETDZ：6，INF（出指定 PNR 中所有婴儿的票）

▶ETDZ：6，ADL（出指定 PNR 中所有成人的票）

【要点】

1. 将预订状态下的 PNR 出票：

①RT 提取要出票的 PNR。

②使用 XE 指令删除出票时限组。

③将航段组里的行动代码变为 RR 的出票确认状态，使用"航段组序号 RR"的格式操作，例如，>2RR（表示将 PNR 里航段序号为 2 的航段组的行动代码变为 RR 的出票确认状态）。如果一个 PNR 里有几个航段，注意出票时要将每个航段的行动代码都变成 RR 状态。

④执行 ETDZ 出票指令进行出票。

2. 直接出票：

①SD 定航段时订座行动代码使用 RR。

②不需要输入出票时限。

③除上述两点不同外，直接出票状态下的 PNR 与预订状态下的 PNR 预订方法一样。

④定完 PNR 各相关构成项后，既可以直接执行 ETDZ 指令进行出票（PNR 编码在出票后产生），也可以封口产生编码后 RT 出编码再执行 ETDZ 指令进行出票。

在完成电子客票出票后，系统会在 PNR 中加入电子客票票号项（SSR TKNE 项）。如果出票失败，系统会返回"XXXX ERROR"字样的错误提示；用 TSL（提取销售报表的指令）指令提出后，出票失败的票会在票号后出现"FAILED"的字样；用 RT 提出出票失败的 PNR 后，会在 SSR TKNE 项里票号后面出现类似以下的红色提示：SSR TKNE HU HN1 HAKPEK 7181 Y18OCT 8802217341619/1/DPN63006/P1，其中，63006 为电子客票打票机 PID 号。出票失败一般出现在系统不稳定的时候，出票失败的票在出票当天可使用 ETRY 指令进行重新出票。

【例 7-4】成功出票举例：

▶RT R6D03E

……

▶XE5

▶2RR

▶ETDZ：2

CNY1780.00   R6D03E

ETPROCESSING……PLEASE WAIT!
ELECTRONIC TICKET ISSUED

【说明】

执行 ETDZ 指令后，系统会首先返回金额和 CRS 系统 PNR 记录编码，然后出现"ETPROCESSING……PLEASE WAIT!"的字样，最终出票成功后系统返回"ELECTRONIC TICKET ISSUED"的信息提示，如果出票失败系统则返回"XXXX ERROR"的信息提示。

电子客票出票成功的标志：

①执行 ETDZ 指令后，系统最终返回 ELECTRONIC TICKET ISSUED 的信息提示。

②出票成功的票，在 PNR 记录的最上面有＊＊ELECTRONIC TICKET PNR＊＊的标识。

③出票成功的票，在 PNR 记录里会加入 SR STKNE（电子客票票号项），例：SSR TKNE HU HK1 XIYHAK 3068 Y180C7 880544202032/1/P1。

④出票成功的票，在 PNR 记录里会加入票号项 TN，例如，TN/880—5440202032/P1。

【例7-5】成功出票后应立即提取 PNR 进行核对，下面说明成功出票后的 PNR 显示：

＊＊ELECTRONIC TICKET PNR＊＊
1. 刘华　R6D03E
2. HU3068 Y MO18OCT XIYHAK RR1 2100 2340 E
3. HAK/T　HAK/T　0898—66701769/HAI NAN KAI SHENG INDUSTRY CO. LTD/ABCDEFG
4. NC
5. T
6. SSR FOID HU HK1 NI411523196513l8/P1
7. SSR OTHS 1E TKTL ADV TKT NBR TO HU BY 16OCT09/2100/PEK TIM/OR NO ALL
SG/BCS HU3068/Y/180CT/XIYHAK

8. SSR TKNE HU HK1 XIYHAK 3068 Y18OCT 8805440202032/1/P1

9. RMK CA/BQHSET

10. FN/FCNY1730.00/SCNY1730.00/C3.00/XCNY50.00/TCNY50.00CN/ACNY1780.00

11. TN/880—5440202032/P1

12. FP/CASH CNY

13. HAK136

▶@

NO PNR

【例7-6】出票失败举例：

▶RTR6D03

……

▶XE5

▶2RR

▶ETDZ：2

CNY1780.00 R6D03E

ETPROCESSING……PLEASE WAIT!

153 ERROR（此电子客票出票失败，系统返回"153 ERROR"的错误提示）

▶RTR6D03

1. 刘华 R6D03C

2. HU3068 Y MO18OCT XIYHAK RR1 2100 2340 E

3. HAK/T HAK/T 0898—66701769/HAI NAN KAI SHENG INDUSTRY CO. LTD/ABCDEFG

4. NC

5. T

6. SSR FOID HU HK1 NI41152319651318/P1

7. SSR OTHS 1E TKTL ADV TKT NBR TO HU BY 16OCT09/2100/PEK TIM/OR NO ALL

　　SG/BCS HU3068/Y/18OCT/XIYHAK

　　8. SSR TKNE HU HK1 XIYHAK 3068 Y18OCT 8805440202032/1/DPN63006/P1

　　9. RMK CA/BQHSE2

　　10. FN/FCNY1730.00/SCNY1730.00/C3.00/XCNY50.00/TCNY50.00CN/ACNY1780.00

　　11. TN/880—5440202032/P1

　　12. FP/CASH CNY

　　13. HAK136

＞@

NO PNR

　　提取出票失败的PNR记录，发现PNR的第一行没有＊＊ELECTRONIC TICKET PNR＊＊的标识，并且SSR TKNE项中存在DPN63006的标识，63006为打票机PID号。

　　【例7-7】将预订的PNR出票举例：

　　▶RTY28KW

　　1. 张斌 Y28KWS

　　2. CZ3495 G TU13APR WUHSZXHK1 1210 1330 E

　　3. HAK/T HAK/T 0898—66701769/HAI NAN KAI SHENG INDUSTRY CO. LTD/ABCDEFG

　　4. 13670189025

　　5. TL/2200/21JUN/WUH262

　　6. FC/A/WUH CZ SZX 430.00G CNY430.00END

　　7. SSR ADTK 1E BY WUH21JUN10/0346 OR CXL CZ3849 L25JUN

　　8. RMK CA/CYDRCE

　　9. FN/A/FCNY430.00/SCNY430.00/C3.00/XCNY70.00/TCNY50.00CN/TCNY20.00YQ/ACNY500.00

　　10. SSR FOID CZ HK1 NI123456/P1

　　11. EI：CZ ONLY

12. FP/CASH、CNY

13. WUH126

▶2RR（将航段组的行动代码改为出票状态 RR）

▶XE5（删除出票时限组）

▶ETDZ：2

CNY430.00   Y28KWS

ETPROCESSING……PLEASE WAIT！

ELECTRONIC TICKET ISSUED

【例7-8】直接出票举列：

▶AVH/WUHHGH/25JUN/D

25JUN（FRI）WUHHGHDIRECT ONLY

1－ CZ3849 AS# F8 P2 YA TA KA HA MA GA SALA WUHHGH 07450845 738 0^ E

    ＞   QQ UA EQ VQ BA XQ NQ RQ

2 CZ3437   AS# F8 P1 YA TA KA HA MQ GQ SQ LQ WUHHGH 1000 1130 738 0^ E

    ＞   QQ UA EQ VQ B7 XQ NQ RQ

3 MF8440   AS# F8 YA BS HS KS LS MS NS QS TQWUHHGH 1350 1500 738 0 E

    ＞   VQ XQ RQ PQ UQ GQ ZQ SS IS WQ ES OS

T2－

4 CZ3541   AS# F8 P1 YA TQ KQ HQ MQ GQ SQ LQWUHHGH 1810 1920 738 0^ E

    ＞   QQ UA EQ VQ BS XQ NQ RQ

SD2H/RR1

▶NM1 刘德华

▶OSI CZ CTCT13678199025

▶SSR FOID CZ HK/NI123456/P1

▶PAT：A

▶ETDZ 2

```
CNY430.00   Y28KWS
ET   PROESSING……PLEASE WAIT!
ELECTRONIC TICKET ISSUED
```

第三节　出票重试指令 ETRY

因各种原因（例如系统传输问题）导致 ETDZ 后无成功出票的提示信息或者出现 "ELECTRONIC TICKET TRANSACTION TIMEOUT" 时，可用 ETRY 指令进行重新出票。

【指令格式】

▶ETRY：

【指令说明】

1. 在出票失败的基础上，对出票失败的 PNR 进行重新出票。
2. ETRY 指令只能在出票失败当天晚上 12 点前使用。
3. 出票失败的票会在 PNR 记录里的电子客票记录里加入类似 "DPN63002/P1" 的标识，例如：

SSR TKNE HU HK1 XIYHAK3068 Y18OCT 8805440202032/1/DPN63002/P1

4. 出票失败的票会在 PNR 记录里生成类似 "RMK CA/XXXX" 项。
5. 出票失败的 PNR 记录里缺少以上第三项和第四项内容时，将无法进行出票重试。

【例 7-9】

▶RTR6D03

1. 张华 R6D03

……

13. HAK128

▶ETRY：

ET PROCESSING…… PLEASE WAITR6D03

ET TRANSACTION SUCCESS

执行完 ETRY 指令后可提取 PNR 记录和 TSL 记录，查看是否出票成功。出票重试成功的话，PNR 记录和 TSL 里出票失败的记录会变成与其他出票成功的记录一样。

ETRY 指令操作出错信息提示：

1. CAN NOT RETRYTHIS PNR ETDZ FIST

该 PNR 没有执行 ETDZ 指令，不能进行出票重试。

2. RMK CA/XXXXX NOT FOUND，PNR MISMATCH

没有返回 ICS PNR（大编），不能执行出票重试。

3. PNR TICKETED

该 PNR 已出票。

4. CAN NOT RETRY TIS ET，TICKET IS OUT OF DATE

该电子客票不是当天销售的，不能执行出票重试。

【说明】

只有出票失败的票才可以用 ETRY 指令，且必须在出票失败当天（晚上 12 点前）执行，跨日期不可用。当天出票失败的票未成功执行 ETRY 重新出票的，票号系统会在 12 点自动作废。执行 ETRY 指令时可能一次不行，可以多试几次，直到成功为止。

第四节　电子客票的改期

电子客票的改期是指同一家航空公司客票航班的变更，包括航班日期、时间和座位等级的变更。改期分为自愿改期和非自愿改期，因旅客原因需要改期的为自愿改期，因航空公司原因需要改期的为非自愿改期。自愿改期旅客可能会因不同航空公司和不同票价支付不同的改期费，非自愿改期一般为免费改期。

1. 改期的前提条件：

(1) 更改后的航班必须与更改前的航班在航段、舱位和航空公司上保持一致，即更改前的航班和更改后的航班必须是同一家航空公司、同一航段、同一舱位折扣。

（2）要求改期的客票必须在客票有效期内。

（3）要求改期的客票需要允许改期。

（4）需要改期的客票必须为有效客票，即票面状态为"OPEN FOR USE"状态。

2. PNR 没有过期的情况下，改期操作步骤如下：

（1）RT 出 PNR 复制需要改期客票的票号然后封口。

（2）用"DETR：TN/票号"指令提取电子客票票面信息查看客票状态是否为"OPEN FOR USE"状态。

（3）RT 出编码，用 AVH 指令查询出航班，然后用 SD 指令将需要的航班定进 PNR 中形成新的航段组（如果 PNR 中有多位旅客，而只有其中某位或某几位旅客需要改期，此时则需要将改期的旅客用 SP 指令分离出来单独操作）。

（4）删除原来的航段组。

（5）以"SSR TKNE 航空公司二字代码 HK1 城市对 航班号 舱位、日期 票号/航段序号/旅客序号"的格式输入新的电子客票票号项（或直接复制原来的电子客票票号项，然后在原电子客票票号项上进行更改，注意改期前和改期后的票号为同一票号，需要更改的部分一般只有日期和航班号；若 PNR 里有多位旅客，则每位旅客的电子客票票号项都要进行更改）。

（6）删除 PNR 中原来的电子客票票号项，如 PNR 中有多位旅客，则每个旅客的电子客票票号项都要删除掉。

（7）变更完成，封口使变更生效。

（8）再次用"DETR：TN/票号"指令提取电子客票票面信息查看航班日期是否已经变更过来，客票状态是否为"OPEN FOR USE"状态，如是，则客票变更成功。

【例 7-10】

将原客票 19/10 HU7181 08：00 的航班变更为 20/10 HU7281 12：50 的航班：

① ▶RTQY80P

＊＊ELECTRONICTICKETPNR＊＊

1. 张鹏　2. 张磊 QY80P3

2. HU7181 Y TU19OCT HAKPEK RR2 0800113 0 E

……

9. SSR TKNE HU HK1 HAKPEK 7181 Y19OCT 8805440202060/1/P1

10. SSR TKNE HU HK1 HAKPEK 7181 Y19OCT 8805440202061/1/P2

……

14. HAK128

▶@

② ▶DETR：TN/880—5440202060

③ ▶RTQY80P3

④ ▶AVH/HAKPEK20OCT/HU/D

⑤ ▶SD1Y/RR2

⑥ ▶XE2

⑦ ▶SSR TKNE HU HK1 HAKPEK 7281 Y20OCT 8805440202060/1/P1

⑧ ▶SSR TKNE HU HK1 HAKPEK 7181 Y20OCT 8805440202061/1/P2

⑨ ▶XE9

⑩ ▶XE10

▶@

▶DETR：TN/880—5440202060　检查是否更改成功

3. 若 PNR 过期，改期操作步骤如下：

（1）按照原票面的信息定一个新的 PNR，其中航段是新的航段。

（2）手工添加新的 SSR TKNE 项。

（3）封口生效。

（4）用"DETR：TN/票号"指令提取电子客票票面信息，查看航班日期是否已经变更过来，客票状态是否为"OPEN FOR USE"状态，如是，则客票变更成功。

【说明】

在 PNR 过期的情况下输入 SSR TKNE 项，有时系统会不接受，此时用 DETR 指令提起票面查看，会发现客票上旧的航段组依然存在，而且不是"OPEN FOR USE"的状态，此时可以联系中航信 010-84018401 进行处理。

第五节　电子客票的挂起和解挂

使用 TSS 指令将电子客票的状态挂起或解挂，挂起和解挂必须是同一个 AGENT 操作。

【指令格式】

TSS：TN/票号/S（使用票号将电子客票挂起）

TSS：TN/票号/B（使用票号将电子客票解挂）

TSS：CN/记录编号/出票日期/S（将对应 PNR 号的 PNR 里的所有票的航段挂起，即航班状态变为 SUSPENDED）

TSS：CN/记录编号/出票日期/B（将对应 PNR 号的 PNR 里的所有票的航段解挂，即航班状态由 SUSPENDED 变为之前的状态）

【例 7-11】

TSS：TN/9992401111111/S

TSS：TN/9992401111111/B

TSS：CN/R236H/17MAY06/S

TSS：CN/R236H/17MAY06/B

【错误处理】

1. 如果没有输入日期或日期输入错误，会提示：DATE FORMAT IS DDMMMYY。

2. 如果该 PNR 号所对应的 PNR 中的票，有一张票面上有一个航段状态是 USED FLOWN，那么不允许对该 PNR 中的所有票进行挂起，操作提示为：COUPCN STATUS CODE INVALID。

【重要说明】

代理人利用 TSS：CN/XXXXX/DDMMMYY/S 进行挂起和解挂操作时，如果有 COUPON STATUS CODE INVALID 提示，可能是下面的原因：

1. 要挂起或解挂的票的航班状态不对，例如代理人作挂起操作，但是票的航班状态是 USED/FLOWN 状态。

2. 输入的出票日期不对，请检查该 PNR 的正确出票日期。

3. 出现该提示时，发现这张票的状态没有错，那么请用 DETR：CN/XXXXX（PNR 记录编号），看你要挂起的 PNR 中符合输入的出票日期的有几张票，必须所有票的状态都符合要求才行。例如：在 CRS 下面有 PNR：SLR1R，该 PNR 有四张票：999－1653664296－99。当进行 TSS：CN/SLR1R/05APR05/S 挂起操作时，必须 96－99 这四张票都是可以做挂起操作的。如果有一张票的航班状态是 USED FLOWN 或者 SUSPENDED，那么是不能做挂起操作的，只能用 TSS：TN/方式一张一张挂起。同样，做 TSS：CN/SLR1R/05APR05/B 操作，那么要求该 PNR 所有票的状态都是挂起状态的。如果有一张不是挂起状态，则此指令不能操作成功，只能用 TSS：TN/方式一张一张解挂。

第六节　电子客票销售统计指令 TSL/TPR

一、电子客票销售日报统计指令 TSL

TSL 指令可以帮助销售人员和财务人员及时、动态地了解当日客票销售的情况，同时可以灵活、准确地得到各种统计数据，为电子客票日常使用的管理以及制作相关的销售日报带来了极大的方便。

【指令格式】

▶TSL：OPTION/DEVICE/DATE/DATA TYPE

即▶TSL：选项/打票机号/日期/数据类型

【说明】

OPTION：

C：完整数据显示。选择它时，系统不仅显示每一张客票的有关数据，而且显示根据全部客票得出的统计数据。统计数据包括总票款、应付航空公司票款、应得代理费和税款。若不选，系统默认为不显示统计数据。

V：作废客票数据显示。当选用 V 选项时，系统仅显示当日作废客票的数据，其他类型客票数据不显示。

R：退票客票数据显示。选用 R 选项时，系统仅显示当日退票客票的数据，其他类型客票数据不显示。

T：选用 T 选项时，仅显示统计小结数据，不显示具体客票信息。

DEVICE：指本部门的打票机序号，如第一台打票机则序号为 1，第二台打票机则为 2，此选择项必须输入。

DATE：日期，可以选择报告期内的任一天。

DATA TYPE：可以由用户选择指定的数据类型，目前有以下三种类型数据。

1. 航空公司。
2. 营业员工作号。
3. 起始票号。

当用户指定了数据类型后，系统仅显示与此类型相关的数据以及相应的统计结果，不选，系统默认为显示全部数据。

TSL 指令的用法：

▶TSL：1（显示第一台打票机当日全部数据，不包括统计数据）

▶TSL：C/2（显示第二台打票机当日全部数据，包括统计数据）

▶TSL：V/3（显示第三台打票机当日全部作废客票数据，不包括统计数据）

▶TSL：C/1/CZ（显示第一台打票机当日所出客票中，结算航空公司为 CZ 的全部数据，含统计数据）

▶TSL：C/2 /76173（显示第二台打票机由工作号为76173的营业员所出的客票的全部数据，含统计数据）

▶TSL：1/4567890（显示第一台打票机当日所出客票中从票号为4567890开始的客票数据，不含统计数据，其中4567890为票号的后7位数）

▶TSL：1/-（显示第一台打票机昨天所出客票的数据，不含统计数据）

【例7-12】

▶TSL：C/4

CAAC MIS OPTAT   DAILY—SALES REPORT

OFFICE：HAK128 IATA NO：08022766   DEVICE：4/63002

DATE：18AUG   AIRLINE：ALL

TKT-NUMBER   ORIG-DEST COLLECTION   TAXS COMM% PNR AGENT

880—5440202023 PEK HAK   1200.00   50.00 4.00 QZ809S 29822

880—5440202019 REFOUND   800.00   0.00   29817

784—5440202018 VOID   1410   18AUG QZ80BE 29822

781—5440202018 PEKHAK   BSP ET ISSUE FALLED!!! QZ80C4 29821

784—5440202016 PEKPEK   1610.00   100.00 9.00 MYST6B 29820

TOTALTICKETS：5（1TICKET VOID/1TICKET REFUND）

TAX———AMOUNT：150.00CNY

COLLECTION———AMOUNT：2810.00 CNY

CARRIERS———AMOUNT：2617.00 CNY

COMMIT———AMOUNT：193.00 CNY

二、当前销售周期的客票销售统计指令 TPR

【指令格式】

▶TPR：选项/打票机号/日期/数据类型

TPR 指令和 TSL 指令格式一样，使用方法也一样，区别在于 TSL 用来查询当天的销售数据，而 TPR 用来查询销售周期内某一天的数据。

【注意】

建议营业员每销售一张票后都要用 TSL 指令查看是否销售成功，对出票失败的票当天内要进行重新出票。每天下班前应核对所销售客票和 TSL 记录是否一致，如不一致，应立即查明原因，保证实际销售数据和 TSL 记录数据一致。

练习题：

1. 写出用 TSL 查询第二台打票机由工作号为 69623 的营业员所出的客票的全部数据，含统计数据的指令格式。

2. 写出用 TSL 查询第三台打票机当日全部作废客票数据，不包括统计数据的指令格式。

3. 写出用 TSL 查询第一台打票机当日所出客票中，结算航空公司为 8L 的全部数据，含统计数据的指令格式。

第七节　电子客票退票

一、什么是退票

退票是指旅客购票以后，由于旅客原因或承运人原因，不能在客票有效期内完成部分或全部航程，而要求退还部分或全部未使用航段的票款。

二、退票的分类

退票分为自愿退票和非自愿退票两类。

自愿退票是指旅客由于自己的原因而选择的退票需求。

非自愿退票是指由航空公司原因而导致的旅客提出的退票申请，通常是由于天气、机械故障等原因而造成的航班延误或者航班取消，此外还包括旅客因自身身体状况不能乘坐飞机而提出的病退（包括旅客重病或者死亡，需具提供相关权利单位开具的证明）。

三、退票的收费标准

目前，各个航空公司收取退票手续费的标准都是不一样的，一般来说有两个依据：一是提出退票需求的时间和航班起飞时间差；二是旅客购买的客票价格。

通常按照提出退票需求的时间可分为：

1. 航班起飞前72小时以外。
2. 航班起飞前72小时以内，24小时以外。
3. 航班起飞前24小时以内，2小时以外。
4. 航班起飞前2小时以内。
5. 航班起飞后。

在距离航班起飞时间越短的时间退票，退票手续费越高，航班起飞后退票费最高。

按照旅客购买客票的价格可分为：

1. 头等舱价格。
2. 公务舱价格。
3. 经济舱全价。
4. 经济舱8折至9折。
5. 经济舱5折至8折。
6. 经济舱4折至5折。
7. 经济舱4折以下。

通常，旅客所购买客票的价格越低，收取的退票手续费越高。一般4折以下的客票基本上是不允许退票的。

【说明】

1. 客票改期收费一般会比退票费更低，但收取的规则是一样的。

2. 所有的退票费的计算都不包含税（国内客票、机场建设费和燃油附加费）。

3. 旅客必须在客票有效期内提交退票或者改期申请，客票过期以后自动作废。

4. 所有的非自愿退票，都是全退，全部退还旅客购买客票所支付的款项。

5. 当日购买的客票如果退票可做废票处理，不收取退票费，只收取废票费（一般是10元）。旺季航空公司会出文件加以限制。

四、退票的操作流程简述

1. 当旅客提出退票时，我们首先要提取 PNR 内容和电子客票票面信息（只有状态为"OPEN FOR USE"的航段才能退票），再结合相关航空公司退票规定，查看是否可以退票。如果可以退票，需要向旅客说明退票费的多少并收回报销凭证（如打印了报销凭证），再办理相关退票手续。

2. 使用"DETR：TN/票号"指令提起票面信息，复制票面信息到 WORD 文档并打印。

3. 提取 PNR，利用"XEPNR@"指令取消已退的航段组并复制取消 PNR 的内容到 WORD 文档并打印（注意 RTPNR 内容后做一次 PN 让 PNR 内容显示完整）。

4. 将取消的 PNR 打印内容和电子客票票面信息打印内容及报销凭证订在一起上交票务财务作为退票凭证。

5. 执行 TRFD 指令将指定票号的指定航段进行退票。

6. 提交过电子客票 TRFD 退票单后，用 DETR 指令查看票面信息状态是否改为"REFOUNDED"状态。如果当天退票出现问题，需要修改或者删除退票单，那么需要用 ETRF 指令将已退客票状态恢复为"OPEN FOR USE"，再重新进行退票。

本章练习题：

将 PNR DFJK9S 中航班日期修改成 12 月 21 号的航班，请写出完整的改期程序。

ELECTRONICTICKETPNR

1. 赵磊 2. 张华 3. 张春 4. 刘笑 DFJK9S
5. HU7181 Y TU19NOV HAKPEK RR2 0800 1130   E
6. T
……
12. SSR TKNE HU HK1 HAKPEK 7181 Y19OCT 8805440202060/1/P1
13. SSR TKNE HU HK1 HAKPEK 7181 Y19OCT 8805440202061/1/P2
14. SSR TKNE HU HK1 HAKPEK 7181 Y19OCT 8805440202062/1/P3
15. SSR TKNE HU HK1 HAKPEK 7181 Y19OCT 8805440202063/1/P4
……
18. HAK128

第八章 电子客票的打印

第一节 配置电子客票打印机

电子客票采用虚拟打票机,配置电子客票打票机与配置普通 BSP 打票机的方法类似,配置指令的使用方法也相同。常用指令如下:

编号	指令格式	指令说明
1	DI:打印机序号	显示打票机状态(Device Information Display)
2	EC:打印机序号	建立打票机控制(Establish Control)
3	TI:打印机序号	打开打票机输入(Start Ticketing Input)
4	XI:打印机序号	关闭打票机输入(Stop Ticketing Input)
5	XC:打印机序号	退出打票机控制(Release Control)

在进行电子客票打印前必须建立打票机控制,同时必须打开打票机输入。

一、显示打票机状态(DI:)

【例 8-1】
▶DI:4
DEVICE INFORMATION DISPLAY— DEVICE 4
DEVICE STATUSDEVICE

DEFINITION

    CONTROL PID：34348

OFFICE：HAK999

    CONTROL ANGENT：29817

PID：63002

    STATUS：UP

ATTRIBUTE：ATB/ET

    INPUT：INACTIVE

MODE：DEMAND

    OUTPUT：INACTIVE   TYPE：4

    NACK：

CURRENCY：CNY

    TICKETS：0

    BOARDING PASS：0

    AMS PID：

【说明】显示当前 4 号打票机状态。

二、建立打票机控制（EC：）

【例 8-2】

    ▶EC：4

    ACCEPTED

    ▶DI：4

DEVICE INFORMATION DISPLAY— DEVICE 4

DEVICE STATUSDEVICE   DEFINITION

    CONTROL PID：34348   OFFICE：HAK999

    CONTROL ANGENT：29817   PID：63002

    STATUS：UP   ATTRIBUTE：ATB/ET

INPUT：INACTIVE　　　　　　　　MODE：DEMAND
OUTPUT：INACTIVE　　　　　　　TYPE：4
NACK：　　　　　　　　　　　　　CURRENCY：CNY
TICKETS：0
BOARDING PASS：0
AMS PID：

三、打开打票机输入（TI：）

【例8-3】
▶TI：4
ACCEPTED
▶DI：4
DEVICE INFORMATION DISPLAY— DEVICE 4
DEVICE STATUSDEVICE　　　　　　　DEFINITION
――――　　　　　　　　　　　　　　――――

CONTROL PID：34348　　　　　　　OFFICE：HAK999
CONTROL ANGENT：29817　　　　　PID：63002
STATUS：UP　　　　　　　　　　　ATTRIBUTE：ATB/ET
INPUT：ACTIVE　　　　　　　　　　MODE：DEMAND
OUTPUT：INACTIVE　　　　　　　TYPE：4
NACK：　　　　　　　　　　　　　CURRENCY：CNY
TICKETS：0
BOARDING PASS：0
AMS PID：

四、关闭打票机输入（XI：）

【例8-4】
▶XI：4
ACCEPTED

▶DI：4

DEVICE INFORMATION DISPLAY— DEVICE 4

DEVICE STATUSDEVICE   DEFINITION
─────   ─────

CONTROL PID：34348   OFFICE：HAK999
CONTROL ANGENT：29817   PID：63002
STATUS：UP   ATTRIBUTE：ATB/ET
　INPUT：INACTIVE   MODE：DEMAND
　OUTPUT：INACTIVE   TYPE：4
　NACK：   CURRENCY：CNY
　TICKETS：0
　BOARDING PASS：0
　AMS PID：

五、退出打票机控制（XC：）

【例8－5】

▶XC：4

ACCEPTED

▶DI：4

DEVICE INFORMATION DISPLAY— DEVICE 4

DEVICE STATUSDEVICE   DEFINITION
─────   ─────

CONTROL PID：34348   OFFICE：HAK999
CONTROL ANGENT：29817   PID：63002
STATUS：UP   ATTRIBUTE：ATB/ET
　INPUT：INACTIVE   MODE：DEMAND
　OUTPUT：INACTIVE   TYPE：4
　NACK：   CURRENCY：CNY

```
TICKETS: 0
BOARDING PASS: 0
AMS PID:
```

第二节　什么是票号控制

我们在前面讲过，保证票号的完整、一致是 BSP 打票机的控制指令的一个重要功能。这个功能实际上包含了两个含义：

1. BSP 客票的印刷票号与打印在客票上的检查票号完全一致。
2. BSP 客票的印刷票号与结算数据中的票号完全一致。

那么，什么是印刷票号，什么是检查票号，什么是结算票号呢？

下面，我们就对这些概念逐一说明：

印刷票号指 BSP 客票的票面下方已经印刷的十位票号。

控制票号指系统在打票时将票号末尾的四位票号打印在机票上。

CONTROL NO. 栏内

结算票号　系统写入 PNR 中的十位票号

其中，印刷票号是事先印刷在客票的票面上的十位票号，控制票号是在客票打印完成后，打印在客票的左下角的四位客票，这两个票号是打印在客票上的，可以直接看到。

在打票过程中，营业员必须在打印完成后检查以下三处的票号：

1. BSP 自动票的十位印刷票号。
2. CONTROL NO. 栏内的四位票号。
3. PNR 中 TN 项中记录的十位票号。

如果任何两项不一致，则说明票号已经出现了不一致，必须立刻调整；否则，必然会造成开账和结算的错误。

所谓票号一致，本质上说，就是这张客票的内容与其对应的结算数据一致。由于 BSP 是严格按照一张票一个票号、一个票号一个记录的方式结算，所以，保持票号的一致，实际上就是保证了结算数据的正确、一致。

为了完成这个功能，我们提供了一套指令，以帮助用户在日常使用中保持 BSP 客票使用的连续性和一致性，以及在出现不一致时进行调整。

这些指令包括：
TN
NT
VT
PVT
TSL

第三节　如何进行票号控制

进行票号控制，应该注意在打票的全过程进行控制，从开始输入票号，到每天工作结束后查看销售日报。只要严格按照规定操作，就一定能保证结算的数据与实际的销售数据吻合。

一、输入正式的票号

【格式】▶TN：device-id X/start num+check digital-end num
即 TN：打票机号 X/起始票号＋检查位－结束票号

【实例】▶TN：1X/60912300002－30499
起始票号　6091230000
检查位　2
结束票号　30499
——向本部门的第一台打票机输入票号范围
输出：▶ACCEPTED

【说明】
在打票机开始工作之前，营业员必须根据所领取的 BSP 自动客票的票号范围，即起始票号和结束票号输入打票机，这样在每次打票之后，系统才可以给每一张客票分配一个票号，因此，输入正确的票号是一切工作的基础。

（一）电子客票打票机票号使用

电子客票打票机票号使用包括查询、上票和卸票等功能。在使用给电子客票打票机上票之前必须查看票控部门分配给本 Office 的票号情况，然后才可以做上票和卸票等操作。

（二）票证信息查询指令（TOL）

TOL 指令是票证管理系统中的报表统计查询指令，用户可以用它查看本单位（Office）的票号库存和使用情况。

指令输入格式：

TOL 指令采用如下的输入格式：

▶TOL：［选项］／［AIRLINE CODE］

【例 8-6】查看本单位（Office）票证的库存情况和使用情况；

▶TOL：

【例 7-7】查看本单位（Office）的所有票证信息

▶TOL：A

指令输出格式：

根据 TOL 指令输入的选项（Option）不同，显示结果也会不一样。以 HAK999 为例：

输入：

▶TOL：

输出：

```
* * * * * * * * * * * * * * * * * * * * * * * * * * * * *
*              TICKET STORE/USEREPORT              *
* AGENT：88888           AIRLINE：BSP              *
* OFFICE：HAK999         IATA NO：08123456         *
* DATE：06OCT04          TIME  ：15：05             *
```

Form First   Last   Granted   Granted By   Granted

Ticket Allo
　　Office Code TKT no.　　TKT　Qua　By OFF　Agent/Pid　Date　T/Tp/M Tp/ST

　　　　SystemTicket Range　　　Qua　Start/End Date　Office　Agent/Pid　Dev Use

---

　　HAK999　　221－7340050－7340099　　50 BJS63626943/19531 01SEP04 D/DC/E TK/IU

　　　CRS　　　　734C050－7340055　　6 01SEP04/01SEP04 HAK999 5448/60743 2 TK

　　　CRS　　　　734C056－7340099　　44 01SEP04/27SEP04 HAK999 5448/60743 2 TK

　　221－7340100－7340149　　50 BJS636 26944/18798 27SEP04 D/DC/E TK/IU

　　　CRS　　　　734C100－7340149　　50 28SEP04/30SEP04 HAK999 5448/60743 2 TK

　　221－7340200－7340249　　50 BJS636 999/ 1212 29SEP04 D/DC/E TK/IU

　　　CRS　　　　7340200－7340249　　50 30SEP04/02OCT04 HAK999 5448/60743 2 TK

　　221－7341600－7341699　　100 BJS636 26943/12374 10OCT04 D/DC/E TK/IU

　　　CRS　　　　7341600－7341699　　100 06OCT04/HAK999 88888/34348　　2

　　HAK999　　　　　　　　END

================================

TOTAL TICKETS：650　TOTAL IN USE：650　TOTAL STORE：0

【说明】显示当前单位的库存情况和正在使用或者已经使用的票证使

用情况。

【技巧】

1. 输入新的票号时，必须首先将输出终止，即用>XO：1指令将OUTPUT变为INACTIVE，否则系统将拒绝接收。

2. 输入票号的全过程应为：

▶XO：1

▶TN：1X/60912300002-30499

▶TO：1/I

3. 票号范围最多不得超过500张。在实际工作中，可以一次将一箱500张票全部输入，也可以根据每天出票量和票证管理等实际情况输入一部分票号。

4. 每天上班开始工作之前，应检查系统内票号与实际票号是否一致。方法是：DI中LAST TICKET＋1应与实际票号吻合，然后可以进行出票。

【特别注意】

1. BSP是严格通过系统内的票号进行结算的，因此对票号的控制是十分严格的，不能随意输入一组票号，否则会依此收费。

2. 输入的一组正式票号未使用完，不能输入其他正式票号。需要测试时使用测试票号。

3. 即使使用国际航协的测试客票（样票），也不能输入其票号，测试票应完全按照下一节介绍的方法进行。

【出错信息提示】

DEVICE　　　打票机的标志号不正确

FORMAT　　　输入的格式不正确

AUTHORITY　　权限，即该终端不是这台打票机的控制终端

ACTIVE　　　应先终止输出

TKT NBR　　　票号的范围超过了最大允许值500

二、输入测试票号

为保证BSP自动出票系统数据的准确性，同时避免由于测试、安装

打票机时使用正式票号而给 BSP 代理人带来的经济损失，特提供测试票号功能供 BSP 代理人使用。

只有在初次安装打票机或使用过程中出现故障需要测试时，才可以使用测试票号。

测试票号的使用方法如下：

【格式】TN：1/ T / ON——开始使用测试票号

【说明】

其中 1 为打票机的序号；该指令将在第一台打票机上建立测试票号，同时保留正式票号。

测试票号输入后，用户可以做各种打票测试，测试票号不进入结算系统。

【技巧】

1. 在打票机已经建立控制，并且输出状态为 INACTIVE 时，直接输入。

2. 开始测试票号的步骤：

▶XO：1

▶TN：1/T/ON

▶TO：1/I

【格式】

TN：1/ T / OFF——结束测试票号，测试结束后，必须将测试票号退出。

【说明】

其中 1 为打票机的序号：

该指令将第一台打票机上的测试票号退出，同时恢复正式票号，且正式票号范围及 LAST TICKET 均不变。测试票号退出后，用户可以使用正式票号，进行正常出票。结束测试票号的步骤：

▶XO：1

▶TN：1/T/OFF

▶TO：1/I

【技巧】

1. 使用测试票号不需要输入票号范围，输入 TN：1/T/ON 后，系统会自动产生测试票号范围 1234567800－1234567849，通过 DI 可以看到。

2. 测试票号最多为 50 张，如需要使用超过 50 张的测试票，可反复使用指令 TN：1/T/OFF 和 TN：1/T/ON。

3. PNR 中若出现票号 1234567800－1234567849，应知道该票号是测试票号，为无效票号。

4. 测试票号不需要作废。

5. 除测试票号之外的任何票号均进入结算系统，因此，用户不允许擅自输入假票号用于测试。

6. 测试结束后，必须注意要将测试票号退出后，才能使用正式票号。

7. 测试票号退出之后，正式票号自动恢复，不需要再次输入正式票号。

8. 在测试中使用的 PNR 若为正式的记录，打印完后应将测试票号删除；若是随意建立的 PNR，测试完毕后应将该 PNR 删除。

【出错信息提示】

DEVICE　　　打票机的标志号不正确
FORMAT　　　输入的格式不正确
AUTHORITY　 权限，即该终端不是这台打票机的控制终端
ACTIVE　　　应先终止输出
TEST MODE　 已经输入了测试票号

三、调整票号 NT

该指令用于指定打票机的下一张客票的票号，以便使下一张输出的票号与实际票号吻合。

【格式】　▶NT：device-id/tkt number

【实例】　▶NT：1/6091231234——调整本部门的第一台打票机的下一张票号为 6091231234

输出：▶ACCEPTED

【技巧】

1. 在使用该指令前，首先应终止其输出（OUTPUT 为 INACTIVE），即 XO：1。

2. 新指定的票号也应该在打票机已定义的票号范围之中，该指令完成后，应重新启动 OUTPUT 为 ACTIVE 状态，才可以正常出票。

【出错信息提示】

DEVICE　　　打票机的标志号不正确
FORMAT　　　输入的格式不正确
AUTHORITY　　权限，即该终端不是这台打票机的控制终端
ACTIVE　　　应先终止输出
TKT NBR　　　新票号不在票号范围之内

四、作废当日的票号

作废票号是 BSP 客票所特有的要求，它是指出现了 BSP 客票不能正常使用的情况，需要营业员在客票上注明"VOID"；同时，向系统中再输入一条记录，通知系统该票号已经作废。

需要特别注意的是，在作废实际客票的时候，还应该用该命令将计算机系统中的结算记录作废。绝不能只在票面上注明"VOID"，而不向系统中输入作废的指令。否则，虽然客票已经作废，但是系统中的记录仍然是有效的，在结算时会把这张票的票款也计算在内。

作废票号分为两种情况：

（一）作废分配出去的票号

分配出去的票号是指 TSL 中有该记录的票号，分配出去的票号分三种：

1. 客票打印出错，或无法使用时，将实际客票作废，再用 VT 将结算记录作废。

2. 计算机系统中结算记录与实际客票内容不符，需用 VT 将结算记录作废。

3. 有时因为某种原因，实际客票未打出来，但结算记录中有记录，用 VT 将结算记录作废。

【格式】

▶VT：1/781-3777132089/NYD65

▶VT：打票机号/航空公司代码-起始票号（10位）[-结束票号]/记录编号

▶VT：1/781-3777132090-32099/MDF06

（二）作废空记录的票号

空记录的票号是指TSL中没有该记录的票号。空记录的票号分两种情况：

1. 实际客票被损坏不能使用，而计算机系统中该票号未分配出去，此时应按照空记录作废以上票号。

2. 由于某种原因客票打印出来了，但票号未分配出去，此时应按照空记录作废以上票号。

【格式】

▶VT：打票机号/起始票号（10位）[-结束票号]

【实例】

作废一张客票。

▶VT：1/3777321000

作废多张客票。

▶VT：1/3777132091-32099

【技巧】

1. 在VT之前做XO，否则将显示错误提示：

MUST INPUT XO：BEFORE VOIDING ANY TKT > LAST PRINTED TKT

2. 作废的票号范围必须在当前使用的票号范围之内，否则提示：

TKT NBR MUST IN THERANGE OF CURRENT USING STOCK

3. 作废票号之前不应输入"AIRLINE CODE"，否则提示：

AIRLINE CODE

正确的例子：VT：2/3777120010

错误的例子：VT：2/781-3777120010

4. 未打印的空票只能作废一次，否则将显示错误提示：

ALREADY VOIDED

5. 作废客票之后，必须调整下一张输出的票号。

例如，将未打印的空白客票 3777132100 作废之后，下一张将要打印的客票就是 3777132101，这时就必须将下一张票号调整为 3777132101，使用指令 NT：1/3777132101。

五、作废一个报告周期的客票——PVT

PVT 指令是 VT 指令的重要补充，使用 PVT 指令可以将当前结算周期未报告的（当日除外）任意一天所打印的 BSP 客票记录作废。

【格式】

▶PVT：<OPTION>/<DEVICE-ID>/<TKT-NUMBER>

OPTION　　　有一个选项可供选择

'V'　　　　　作废所输入的客票

DEVICE-ID　　打票机序号

TKT-NUMBER　输入的客票票号的起始十位票号和结束客票的后五位票号；如果是连续客票，必须一次输入全部连续客票的票号。

【实例】

作废昨天打印的客票：

▶PVT：V/1/999-6094567890-67890

作废昨天打印的连续客票：

▶PVT：V/1/999-6094567891-67892

【技巧】

1. 计算机中心定期将 BSP 数据磁带交送给结算中心，每月的报告周期由计算机中心随系统中 BSP 客票量的增加而进行调整。交送数据磁带这一天就是数据报告日，目前的数据报告日是：1、5、9、13、16、20、24、27 日。两个数据报告日之间称为数据报告周期。数据报告日提交上一个数据报告期的数据。PVT 指令目前仅用于作废当前周期中未报告的 BSP 客票，尚不可以跨数据报告周期使用，也不能用于同一结算期已经报告的客票。

2. 由于 PVT 指令一次只能将一张票号作废，需要作废几个票号时，就要使用几次该命令。作废完后查看 TSL 和 TPR 指令，核对是否已确实作废。

3. 在 PVT 指令作废客票的同时，系统向计算机中心中发出一份信息，记录使用该指令的工作人员的工作号和时间，以及作废客票的票号等信息备查。

打票机卸票（TN：）

【格式】>TN：device-id D

【实例】>TN：1D

输出：>ACCEPTED

【说明】

打票机卸票功能可以让用户卸下未使用的票号。

▶DI：4

DEVICE INFORMATION DISPLAY— DEVICE 4

DEVICE STATUSDEVICE   DEFINITION
———   ———

CONTROL PID：34348   OFFICE：HAK999

CONTROL ANGENT：29817 PID：63002

STATUS：UP   ATTRIBUTE：ATB/ET

INPUT：INACTIVE   MODE：DEMAND

OUTPUT：INACTIVE   TYPE：4

NACK：   CURRENCY：CNY

TICKETS：0

BOARDING PASS：0

AMS PID：

附录1　CRS系统指令英文全称

AI	AGENT IN
AM	ACKNOWLEDGE
AO	AEGNT OUT
AV	DISPLAY AVAILABILITY
CS	REARRANGE SEGMENT CONTINUITY
CT	CONTACT ELEMENT
DI	DEVICE INFORMATION DISPLAY
DQ	DUMP DEVICE QUEUE
DS	DISPLAY DATE SCHEDULE
DSG	DISPLAY SEGMENT INFORMATION DISPLAY
DZ	REQUEST DEMAND TICKET
EC	ESTABLISH CONTROL
EI	ENDORSEMENTS INFORMATION
ES	ENTER NEWLY CREATED SEGMENT INTO AN EXISTING PNR
FC	FARE CALCULATION
FF	FLIGHT INFORMATION
FN	FARE
FP	FORM OF PAYMENT
FV	DISPLAY FIRST AVAILABILITY
GI	GENERAL INFORMATION
GN	GROUP NAME ELEMENT AND GROUP ELEMENT

IG	IGNORE
ML	MULTISELECTION PASSENGER LIST
NM	NAME ELEMENT
OP	OPTION ELEMENT
OSI	OTHER SERVICE INFORMATION
PB	PAGE BACK
PF	PAGE FIRST
PG	CURRENT PAGE
PL	PAGE LAST
QB	QUEUE BACK
QD	QUEUE DELAY
QE	QUEUE ENTER
QN	QUEUE NEXT
QR	QUEUE REPEAT
QS	QUEUE START
QT	QUEUE TOTAL
RMK	REMARK ELEMENT
RT	RETRIEVAL OF PNR
SI	SIGN IN
SK	DISPLAY SCHEDULE TIMETABLE
SN	OPEN SEGMENT CREATION
SO	SIGN OUT
SP	SPLIT
SS	ACTIONABLE SEGMENT CREATION
SSR	SPECIAL SERVICE REQUIREMENT
TC	TOUR CODE
TE	TICKETING MODE/STATUS
TI	START TICKETING INPUT
TN	ENTER START/END TICKET NUMBERS
TO	START TICKETING OUTPUT

TSL	TICKETING SUMMARY REPORT
XE	CANCEL PNR ELEMENT
VT	VOID TICKET NUMBER
XC	RELEASE CONTROL
XI	STOP TICKETING INPUT
XN	SUPPLEMENTARY NAME
XO	STOP TICKETING OUTPUT

附录 2 ETERM 指令出错指引

ACTION	行动代码不正确
AIRLINE	航空公司代码不正确
AMOUNT	数量，通常指 FC、FN 中的票价输入不正确
AUTHORITY	权限
CASH COLLECTION（SCNY???.??）	LOSTN 中缺少 SCNY 项
CHECK CONTINUITY	检查航段的连续性，使用@I，或增加地面运输航段
COMMISSION（C?.??）LOST	FN 中缺少代理费率项
CONTACT ELEMENT MISSING	缺少联系组，将旅客的联系电话输入 PNR 中
CURRENCY	货币代码不正确
DATE	输入的日期不正确.
EVICE	打票机序号不正确
DUP ID	PNR 中某项重复，或缺少旅客标识
ELE NBR	序号不正确
FLT NUMBER	航班号不正确
FORMAT	输入格式不正确
ILLEGAL	不和法
INACTIVE	检查打票机各项状态
INFANT	缺少婴儿标识
INPUT	打票机的输入状态
INVALID CHAR	存在非法字符，或终端参数设置有误

ITINERARY DOES NOT MATCH FC　　FC 与 PNR 中的航程不符
MANUAL　　　　　　　　　　　手工出票
MAX TIME FOR EOT – IGNORE PNR AND RESTART　　建立了航段组，但未封口的时间超过 5 分钟，这时系统内部已经做了 IG，将座位还原，营业员应做 IG，并重新建立 PNR
NAME LENGTH　　　　　　姓名超长或姓氏少于两个字符
NAMES　　　　　　　　　　PNR 中缺少姓名项
NO DISPLAY　　　　　　　没有显示
NO NAME CHANGE FOR MU/Y　　某航空公司不允许修改姓名
NO QUEUE　　　　　　　　说明该部门此类信箱不存在
OFFICE　　　　　　　　　部门代号不正确
OUTPUT　　　　　　　　　打票机的输出状态
PENDING　　　　　　　　 表示有未完成的旅客订座 PNR，在退号前必须完成或放弃它。
PLEASE SIGN IN FIRST　　请先输入工作号，再进行查询
PLS INPUT FULL TICKET NUMBER　　输入完整的票号，航空公司代码及十位票号
PLS NM1XXXX/XXXXXX　　姓名中应加斜线（/），或斜线数量不正确
PNR TKTD　　　　　　　　该记录已出过票，取消 PNR 中的票号项
PROFILE PENDING　　表示未处理完常旅客的订座，PSS：ALL 处理
PROT SET　　　　　　　　工作号密码输入错误
PSGR ID　　　　　　　　　旅客标识不正确
Q TYPE　　　　　　　　　所要发送到的信箱的种类在目的部门中没有定义
Q EMPTY　　　　　　　　信箱中此类信箱为空的，已处理完成，没有需要处理的内容
QUE PENDING　　　　　　表示未处理完信箱中的 QUEUE，QDE 或 QNE
RL　　　　　　　　　　　记录编号不存在
SCH NBR　　　　　　　　航线序号不符
SEATS　　　　　　　　　订座数与 PNR 中姓名数不一致，可 RT 检查当

前的 PNR
  SEGMENT   航段
  SIMULTANEOUS MODIFICATION—REENTER MODIFICATION
类似的修改，IG，并重新输入当前的修改
  STOCK   票号不正确
  TICKET PRINTER IN USE 表示未退出打票机的控制，退出后即可
  TICKET STATUS ELEMENT MISSIN 缺少票号组
  TIME   输入时间不正确
  UNABLE   不能
  USER GRP   工作号级别输入错误
  WORKING Q   表示营业员正在对某一种信箱进行处理，未处理完时，不能再处理另外一种 Q。这时若要结束原来的处理，可以做 QDE 或 QNE，然后再做 QS：xx。

附录3 常用机型

代号	中文名	座位数	产地
SH6	肖特360	36	英国
SAAB-340	萨博	37	瑞典
AN-24	安24	48	苏联
YN7	运七	48	西安
DH8	冲八	54	西欧
BAe146-100	贝尔146-100	89	西欧
BAe146-300	贝尔146-300	112	西欧
FK-100	福克100	108	英国
YK-42	雅克42	120	英国
B737-200	波音737-200	122	美国
B737-500	波音737-500	133	美国
MD-82	麦道82	133	中美合资
B737-300	波音737-300	148	美国
TU-154	图154	164	苏联
B707	波音707	155	美国
MD-90	麦道90	182	中美合资
B757	波音757	200	美国
B767-200	波音767-200	214	美国
B767-300	波音767-300	225	美国
A-310	空中客车310	228	欧联体

续表

代号	中文名	座位数	产地
A-300	空中客车300	265	欧联体
A-330	空中客车330	260-270	欧联体
A-340	空中客车340	375	欧联体
B747-200	波音747-200	270	美国
B747-SP	波音747-SP	276	美国
B747-400P	波音747-400	408	美国
MD11F	麦道11F	340	美国
CRJ	唐八吉	49	加拿大
EMB-4		45	巴西
NB6	空中客车319	150	欧联体

附录 4　常用国内三字代码

省　份	三字代码	机场所在地	机场名称
黑龙江省	HRB	哈尔滨市	太平国际机场
	NDG	齐齐哈尔市	三家子国际机场
	MDG	牡丹江市	海浪国际机场
	JMU	佳木斯市	东郊机场
	HEK	黑河市	黑河国际机场
	YLN	依兰县	依兰机场
	DQA	大庆市	萨尔图机场
吉林省	CGQ	长春市	龙嘉国际机场
	YNJ	延吉市	朝阳川国际机场
	JIL	吉林市	二台子机场
	TNH	通化市	通化三源浦机场
辽宁省	DLC	大连市	周水子国际机场
	SHE	沈阳市	桃仙国际机场
	CHG	朝阳市	朝阳机场
	JNZ	锦州市	小岭子机场
	DDG	丹东市	浪头国际机场
	AOB	鞍山市	鞍山机场
	CNI	长海县	大长山岛机场
	XEN	兴城市	兴城机场

续表

省　份	三字代码	机场所在地	机场名称
河北省	BPE	秦皇岛市	北戴河国际机场
	SHP	山海关区	山海关机场
	SJW	石家庄市	正定国际机场
	HDG	邯郸市	邯郸马头机场
河南省	CGO	郑州市	新郑国际机场
	LYA	洛阳市	北郊机场
	NNY	南阳市	姜营机场
山西省	TYN	太原市	武宿国际机场
	DAT	大同市	云冈机场
	CIH	长治市	王村机场
山东省	TNA	济南市	遥墙国际机场
	WEH	威海市	大水泊国际机场
	TAO	青岛市	流亭国际机场
	YNT	烟台市	莱山机场
	LYI	临沂市	临沂机场
	JNG	济宁市	济宁曲阜机场
	DOY	东营市	胜利机场
湖北省	WUH	武汉市	天河国际机场
	XFN	襄樊市	刘集机场
	YIH	宜昌市	三峡机场
	ENH	恩施市	许家坪机场
湖南省	DYG	张家界市	荷花国际机场
	CSX	长沙市	黄花国际机场
	CGD	常德市	桃花源机场
	HNY	衡阳市	衡阳南岳机场
	HJJ	芷江县	芷江机场
	LLF	永州市	零陵机场

续表

省　份	三字代码	机场所在地	机场名称
江西省	KHN	南昌市	昌北国际机场
	JIU	九江市	庐山机场
	JDZ	景德镇市	罗家机场
	KOW	赣州市	黄金机场
	JGS	井冈山市	井冈山机场
安徽省	TXN	黄山市	屯溪国际机场
	HFE	合肥市	新桥国际机场
	AQG	安庆市	大龙山机场
	FUG	阜阳市	阜阳西关机场
浙江省	HGH	杭州市	萧山国际机场
	HSN	舟山市	普陀山机场
	NGB	宁波市	栎社国际机场
	WNZ	温州市	龙湾国际机场
	YIW	义乌市	义乌机场
	HYN	台州市	路桥机场
	JUZ	衢州市	衢州机场
江苏省	NKG	南京市	禄口国际机场
	WUX	无锡市	苏南硕放国际机场
	XUZ	徐州市	观音国际机场
	LYG	连云港市	白塔埠机场
	YHZ	盐城市	盐城南洋机场
	CZX	常州市	奔牛国际机场
	NTG	南通市	兴东国际机场
广东省	CAN	广州市	白云国际机场
	MXZ	梅州市	梅州国际机场
	ZUH	珠海市	三灶国际机场
	SWA	汕头市	外砂机场
	SZX	深圳市	宝安国际机场
	ZHA	湛江市	湛江机场

续表

省　份	三字代码	机场所在地	机场名称
福建省	WUS	武夷山市	武夷山机场
	XMN	厦门市	高崎国际机场
	FOC	福州市	长乐国际机场
	JIN	晋江市	泉州晋江国际机场
	LCX	连城县	连城冠豸山机场
海南省	HAK	海口市	美兰国际机场
	SYX	三亚市	凤凰国际机场
四川省	CTU	成都市	双流国际机场
	MIG	绵阳市	南郊机场
	YBP	宜宾市	莱坝机场
	LZO	泸州市	泸州蓝田机场
	DAX	达州市	河市机场
	XIC	西昌市	青山机场
	NAO	南充市	都尉坝机场
	GHN	广汉市	广汉机场
	JZH	松潘县	九寨黄龙机场
	PZI	攀枝花市	保安营机场
贵州省	TEN	铜仁市	铜仁凤凰机场
	KWE	贵阳市	龙洞堡国际机场
	ZYI	遵义市	遵义机场
	ACX	兴义市	兴义机场
	HZH	黎平县	黎平机场
	AVA	安顺市	安顺黄果树机场
陕西省	SIA	西安市	西安西关机场
	XIY	咸阳市	咸阳国际机场
	ENY	延安市	延安二十里铺机场
	AKA	安康市	安康机场
	UYN	榆林市	榆阳机场
	HZG	汉中市	汉中机场

续表

省　份	三字代码	机场所在地	机场名称
甘肃省	LHW	兰州市	中川国际机场
	DNH	敦煌市	敦煌机场
	JGN	嘉峪关市	嘉峪关机场
	IQN	庆阳市	庆阳机场
	CHW	酒泉市	酒泉机场
青海省	XNN	西宁市	曹家堡机场
	GOQ	格尔木市	格尔木机场
云南省	KMG	昆明市	长水国际机场
	LJG	丽江市	三义国际机场
	JHG	西双版纳州	嘎洒国际机场
	LNJ	临沧市	临沧机场
	DLU	大理市	大理机场
	LUM	德宏州	芒市机场
	DIG	迪庆州	迪庆香格里拉机场
	SYM	普洱市	普洱思茅机场
	ZAT	昭通市	昭通机场
	BSD	保山市	保山云瑞机场
广西壮族自治区	NNG	南宁市	吴圩国际机场
	KWL	桂林市	两江国际机场
	BHY	北海市	福城机场
	LZH	柳州市	白莲机场
	WUZ	梧州市	长洲岛机场
宁夏回族自治区	INC	银川市	河东国际机场

续表

省　份	三字代码	机场所在地	机场名称
新疆维吾尔自治区	URC	乌鲁木齐市	地窝堡机场
	HTN	和田市	和田机场
	YIN	伊宁市	伊宁机场
	KRY	克拉玛依市	克拉玛依机场
	TCG	塔城市	塔城机场
	KHG	喀什市	喀什机场
	AAT	阿勒泰市	阿勒泰机场
	AKU	阿克苏市	阿克苏机场
	KRL	库尔勒市	库尔勒机场
	KCA	库车县	库车龟兹机场
	IQM	且末县	且末机场
	HMI	哈密市	哈密机场
	FYN	富蕴县	可可托海机场
内蒙古自治区	HET	呼和浩特市	白塔国际机场
	BAV	包头市	包头机场
	HLH	乌兰浩特市	乌兰浩特机场
	HLD	呼伦贝尔市	呼伦贝尔东山国际机场
	XIL	锡林浩特市	锡林浩特机场
	CIF	赤峰市	土城子机场
	TGO	通辽市	通辽机场
	NZH	满洲里市	西郊国际机场
	WUA	乌海市	乌海机场
西藏自治区	LXA	拉萨市	贡嘎国际机场
	BPX	昌都市	昌都邦达机场
重庆市	CKG	重庆市	江北国际机场
	WXN	万州区	万州五桥机场
北京市	PEK	北京市	首都国际机场
	NAY	北京市	南苑国际机场

续表

省　份	三字代码	机场所在地	机场名称
上海市	PVG	上海市	浦东国际机场
	SHA	上海市	虹桥国际机场
天津市	TSN	天津市	滨海国际机场
香港特别行政区	HKG	香港特别行政区	香港国际机场
澳门特别行政区	MFM	澳门特别行政区	澳门国际机场
台湾地区	TPE	桃园市	台北桃园国际机场

注：部分机场升级为国际机场或更名以实际为准。

附录5 国内各航空公司及代码

二字代码	票证代码	中文名称
CA	999	中国国际航空公司
CZ	784	中国南方航空公司
MU	781	中国东方航空公司
FM	774	上海航空公司
3U	876	四川航空公司
EU	811	成都航空公司
HU	880	中国海南航空公司
MF	731	中国厦门航空公司
SC	324	山东航空公司
ZH	479	中国深圳航空公司
8L	859	云南祥鹏航空有限责任公司
BK	866	奥凯航空有限责任公司
G5	987	华夏航空有限公司
KN	822	中国联合航空有限公司
HO	018	上海吉祥航空有限公司
JD	898	北京首都航空公司
9C	089	春秋航空公司
PN	847	西部航空公司
NS	836	河北航空公司
JR	929	幸福航空有限公司

续表

二字代码	票证代码	中文名称
KY	833	昆明航空有限公司
VD	981	河南航空有限公司
CN	895	大新华航空有限公司
GS	826	天津航空公司
KA	043	香港港龙航空
CX	160	香港国泰航空
NX	675	澳门航空公司
CI	297	中华航空股份有限公司
BR	695	台湾长荣航空
TV	088	西藏航空公司
GJ	891	浙江长龙航空有限公司
DR	299	瑞丽航空有限公司
DZ	893	东海航空有限公司
QW	912	青岛航空公司
RY	989	江西航空公司
AQ	902	九元航空公司
UQ	886	乌鲁木齐航空公司
FU	666	福州航空公司
YI	852	英安航空公司
OQ	878	重庆航空公司
GX	872	北部湾航空公司

附录6 亚洲主要城市三字代码

所在国家	城市中文	三字代码	所在国家	城市中文	三字代码
朝鲜	平壤	FNJ	韩国	首尔/仁川	SEL/ICN
日本	东京（成田机场）	NRT/TYO		釜山	PUS
	东京（羽田机场）	HND		济州	CJU
	大阪（关西）	OSA/KIX		大丘	TAE
	福冈	FUK		晋州	HIN
	名古屋	NGO		蔚山	USN
	仙台	SDJ	菲律宾	马尼拉	MNL
	冈山	OKJ		宿务	CEB
	札幌	CTS		达沃	DVO
	长崎	NGS	印度尼西亚	雅加达	JKT/CGK
	广岛	HIJ		泗水	SUB
	京都	UKY		三宝垄	SRG
	鹿儿岛	KOJ		万隆	BDO
	福山	QFY		棉兰	MES
	冲绳	OKA		巴东	PDG
	横滨	YOK		玛琅	MLG
	新泻	KIJ		帝力	DIL
	神户	UKB	越南	河内	HAN
	高松	TAK		胡志明市（西贡）	SGN
	富山	TOY	老挝	万象	VTE
	函馆	HKD	柬埔寨	金边	PNH
	宇都宫	QUT	泰国	曼谷	BKK
				普吉	HKT

续表

所在国家	城市中文	三字代码	所在国家	城市中文	三字代码
文莱	斯里巴加湾市	BWN	缅甸	仰光	RGN
新加坡	新加坡城	SIN	不丹	廷布	QJC
马来西亚	吉隆坡	KUL	尼泊尔	加德满都	KTM
马来西亚	槟城	PEN	孟加拉国	达卡	DAC
马来西亚	马六甲	MKZ	斯里兰卡	科伦坡	CMB
马来西亚	怡保	IPH	马尔代夫	马累	MLE
马来西亚	新仙（柔佛巴鲁）	JHB	巴基斯坦	卡拉奇	KHI
印度	新德里	DEL	巴基斯坦	伊斯兰堡	ISB
印度	坎普尔	KNU	巴基斯坦	拉合尔	LHE
印度	阿格拉	AGR	巴基斯坦	海德拉巴	HDD
印度	浦那	PNQ	巴基斯坦	费萨拉巴德	LYP
印度	孟买	BOM	巴基斯坦	白沙瓦	PEW
印度	加尔各达	CCU	巴基斯坦	木尔坦	MUX
印度	那格浦尔	NGA	阿曼	马斯喀特	MCT
印度	班加罗尔	BLR	沙特阿拉伯	利雅得	RUH
印度	马德拉斯	MAA	沙特阿拉伯	吉达	JED
印度	绍拉布尔	SSE	约旦	安曼	AMM
印度	勒克瑙	LKO	巴勒斯坦	耶路撒冷	JRS
印度	卢迪亚纳	LUH	叙利亚	大马士革	DAM
印度	巴特那	PAT	黎巴嫩	贝鲁特	BEY
印度	兰契	IXR	塞浦路斯	尼科西亚	NIC
印度	瓦拉纳西	VNS	塞浦路斯	拉那卡	LCA
阿富汗	喀布尔（首都）	KBL	土耳其	安卡拉	ANK
阿富汗	坎大哈	KDH	土耳其	伊斯坦布尔	IST
坦吉克斯坦	杜尚别（首都）	DYU	土耳其	阿达纳	ADA
乌兹别克斯坦	塔什干（首都）	TAS	土耳其	伊滋密尔	IZM
乌兹别克斯坦	塔什干（首都）	TAS	土耳其	布尔萨	BTZ
土库曼斯坦	阿什哈巴德	ASB	土耳其	加济安泰普	GZT
伊朗	德黑兰	THR	格鲁吉亚	第比利斯	TBS

续表

所在国家	城市中文	三字代码	所在国家	城市中文	三字代码
伊拉克	巴格达	BGW	吉尔吉斯斯坦	比什凯克	FRU
	巴士拉	BSR			
科威特	科威特	KWI	阿塞拜疆	巴库	BAK
阿联酋	阿布扎比	AUH	巴林国	巴林	BAH
	沙迦	SHJ	亚美尼亚	埃里温	EVN
	迪拜	DXB	以色列	特拉维夫	TLV
卡塔尔	多哈	DOH		耶路撒冷	JRS
哈萨克斯坦	阿斯塔纳	TSE	蒙古	乌兰巴托	ULN
	阿拉木图	ALA			
也门	萨那	SAH			
	亚丁	ADE			

附录7 欧洲主要城市三字代码

所在国家	城市	三字代码	所在国家	城市	三字代码
德国	柏林	BER	奥地利	维也纳	VIE
	法兰克福	FRA		萨尔茨堡	SZG
	慕尼黑	MUC		林茨	LNZ
	纽伦堡	NUE	瑞士	苏黎世	ZRH
	斯图加特	STR		日内瓦	GVA
	莱比锡	LEJ		巴塞尔	BSL
	德雷斯顿	DRS		伯尔尼	BRN
	不来梅	BRE	白俄罗斯	明斯克	MSQ
	科隆	CGN	俄罗斯	莫斯科	MOW/SVO
	波恩	BNJ		新西伯利亚	OVB
	汉诺威	HAJ		圣彼得堡	LED
	汉堡	HAM	意大利	罗马	ROM/FCO
	多特蒙德	DTM		米兰	MIL/MXP
	杜塞尔多夫	DUS		都灵	TRN
	杜伊斯堡	DUI		佛罗伦萨	FLR
	比勒费尔德	BFE		那不勒斯	NAP
	基尔	KEL		热那亚	GOA
	埃森	ESS		威尼斯	VCE
丹麦	哥本哈根	CPH		巴勒莫	PMO
英国	伦敦	LON/LHR/LGW		卡塔尼亚	CTA
				博洛尼亚	BLQ
	曼彻斯特	MAN		巴里	BRI

续表

所在国家	城市	三字代码	所在国家	城市	三字代码
英国	伯明翰	BHX	西班牙	巴塞罗那	BCN
	利兹	LBA		瓦伦西亚	VLC
	利物浦	LPL		马拉加	AGP
	设菲尔德	SZD		塞维莱	SVQ
	爱丁堡	EDI		毕尔巴鄂	BIO
	格拉斯哥	GLA		马德里	MAD
	纽卡斯尔	NCL		巴利亚多利德	VLL
	贝尔法斯特	BFS	葡萄牙	里斯本	LIS
	南安普敦	SOU		波尔图	OPO
	布里斯托尔	BRS		圣港	PXO
	阿伯丁	ABZ	克罗地亚	萨格勒布	ZAG
	格拉斯哥	GLA	马耳他	马耳他	MLA
	加的夫	CWL	罗马尼亚	布加勒斯特	BUH
法国	巴黎	PAR/CDG/ORY	摩尔多瓦/摩尔达维亚共和国	基希纳乌（首都）/基什尼奥夫	KIV
	里昂	LYS	阿尔巴尼亚	地拉那	TIA
	尼斯	NCE			
	马赛	MRS	斯洛文尼亚	卢布尔雅那	LJU
	波尔多	BOD			
	图卢兹	TLS	波斯尼亚和黑塞哥维那	萨拉热窝	SJJ
	巴斯蒂亚	BIA			
	贝阿里兹	BIQ	安道尔	安道尔	ALV
	布雷斯特	BES	列支敦士登	瓦杜兹	QVU
	卡勒威	CLY			
	克莱蒙费朗	CFE	比利时	布鲁塞尔	BRU
	格勒诺布尔	GNB	希腊	雅典	ATH
	里摩日	LIG	卢森堡	卢森堡	LUX
	洛里昂	LRT	保加利亚	索非亚	SOF
	拉尼翁	LAI	梵蒂冈		
	梅兹南希	ETZ	马其顿	斯科普里	SKP

续表

所在国家	城市	三字代码	所在国家	城市	三字代码
法国	蒙彼利埃	MPL	南斯拉夫	贝尔格莱德	BEG
	米卢斯	MLH	立陶宛	维尔纽斯	VNO
	南特	NTE	圣马力诺		
	波城	PUF	摩纳哥	摩纳哥	XMM
	佩皮尼昂	PGF		蒙特卡洛	MCM
	坎佩尔	UIP	荷兰	阿姆斯特丹	AMS
	雷恩	RNS		鹿特丹	RTM
	罗德兹	RDZ	爱尔兰	都柏林	DUB
	土伦	TLN	挪威	奥斯陆	OSL
	阿雅克修	AJA	冰岛	雷克雅未克	REK
	阿内西	NCY	瑞典	哥德堡	GOT
	阿维尼瓮	AVN		马尔默	MMA
	斯特拉斯堡	SXB		斯德哥尔摩	STO/ARN
捷克	布拉格	PRG	芬兰	赫尔辛基	HEL
			爱沙尼亚	塔林	TLL
斯洛伐克	布拉迪斯拉发	BTS	拉脱维亚	里加	RIX
			乌克兰	基辅	IEV
匈牙利	布达佩斯	BUD	波兰	华沙	WAW
				什切青	SZZ

附录 8　北美洲主要城市三字代码

所在国家	城市	三字代码	所在国家	城市	三字代码
美国	夏威夷（檀香山）	HNL	美国	埃斯卡纳巴	ESC
	西雅图	SEA		埃文斯维尔	EVV
	洛杉矶	LAX		法戈	FAR
	旧金山（三藩市）	SFO		费耶特维尔	FYV
	波特兰	PDX		弗林特	FNT
	圣何塞	SJC		道奇堡	FOD
	丹佛	DEN		劳德尔堡	FLL
	拉斯维加斯	LAS		史密斯堡	FSM
	安克雷奇	ANC		埃格林空军基地	VPS
	阿尔布凯克	ABQ		韦恩堡	FWA
	贝克斯菲尔德	BFL		大福克斯	GFK
	贝林哈姆	BLI		大急流（明尼苏达州）	GPZ
	比林斯	BIL		大急流（密歇根州）	GRR
	博伊西	BOI		格林贝	GRB
	博兹曼	BZN		格林维尔（密西西比州）	GLH
	比尤特	BTM			
	尤金	EUG			
	弗雷斯诺	FAT		格林维尔（南卡罗莱纳州）	GSP
	格雷特瀑布（旅游境区）	GTF		格尔夫波特	GPT
	赫勒纳	HLN		汉考克	CMX
	爱达荷福尔斯	IDA		哈利斯堡	MDT/HAR

续表

所在国家	城市	三字代码	所在国家	城市	三字代码
美国	卡利斯佩尔	FCA	美国	哈特福德	BDL/HFD
	克拉马斯福尔斯	LMT		西宾/奇瑟姆	HIB
	圣巴巴拉	SBA		休斯敦	HOU/IAH
	刘易斯顿	LWS		阿什兰	HTS
	梅德福	MFR		亨茨维尔	HSV
	米苏拉	MSO		海恩尼斯	HYA
	卡迈尔/蒙特雷	MRY		印第安纳波利斯	IND
	摩塞斯莱克	MWH		国际瀑布	INL
	北本德	OTH		杰克逊（密西西比州）	JAN
	安大略	ONT		杰克逊（田纳西州）	MKL
	圣安娜/拉古纳比奇	SNA		杰克逊维尔	JAX
	棕榈泉	PSP		乔普林	JLN
	帕斯科	PSC		卡拉马祖	AZO
	彭德尔顿	PDT		堪萨斯城	MCI/MKC
	菲尼克斯（凤凰城）	PHX		诺克斯维尔	TYS
	波卡特洛	PIH		拉克鲁斯	LSE
	安吉利斯港	CLM		拉斐特	LAF
	斯波坎	GEG		兰辛	LAN
	普尔曼	PUW		苏雷尔	PIB/LUL
	雷德蒙德	RDM		汉诺威/莱巴嫩	LEB
	里诺	RNO		普雷斯克岛	PQI
	萨克拉门托	SMF/SAC		列克星敦	LEX
	塞勒姆	SLE		林肯	LNK
	盐湖城	SLC		小石城	LIT
	圣迭戈	SAN		路易斯维尔	SDF
	哈伊利/森瓦利	SUN		麦迪逊	MSN
	图森	TUS		曼彻斯特	MHT
	特温福尔斯	TWF		马凯特	MQT

续表

所在国家	城市	三字代码	所在国家	城市	三字代码
美国	瓦拉瓦拉	ALW	美国	梅森城	MCW
	文纳奇	EAT		孟菲斯	MEM
	亚基马	YKM		默里迪恩	MEI
	阿伯丁	ABR		迈阿密	MIA
	坎顿	CAK		密尔沃基	MKE
	奥尔巴尼	ALB		明尼阿波利斯	MSP
	亚历山大	ESF		迈诺特	MOT
	阿伦敦/伯利恒/伊斯顿	ABE		莫比尔	MOB
	阿普尔顿	ATW		莫林	MLI
	亚特兰大	ATL		门罗	MLU
	大西洋城	AIY		蒙哥马利	MGM
	奥古斯塔	AUG		佛罗伦萨/设菲尔德	MSL
	奥斯汀	AUS		马斯基根	MKG
	巴尔的摩	BWI		楠塔基特	ACK
	班戈	BGR		诺什维尔	BNA
	巴吞鲁日	BTR		新奥尔良	MSY
	伯米吉	BJI		纽瓦克	EWR
	布卢明顿·诺木尔	BMI		艾斯利普	ISP
	宾汉顿/恩迪科特/约翰逊城	BGM		纽约（肯尼迪机场）	JFK
	伯明翰	BHM		纽约（拉瓜迪亚机场）	LGA
	俾斯麦	BIS			
	波士顿	BOS		诺福克	ORF
	布雷纳德	BRD		俄克拉荷马城	OKC
	布里斯托尔/特里－思蒂	TRI		奥马哈	OMA
				奥兰多	MCO/ORL
	布法罗	BUF		欧文斯伯勒	OWB
	伯林顿	BTV		啪迪尤卡	PAH
	锡达拉皮兹	CID		巴拿马城	PFN

附录8 北美洲主要城市三字代码

续表

所在国家	城市	三字代码	所在国家	城市	三字代码
美国	尚贝里	CMI	美国	佩尔斯顿	PLN
	查尔斯顿	CRW		彭萨科拉	PNS
	夏洛特	CLT		皮奥里亚	PIA
	查塔努加	CHA		费城	PHL
	芝加哥	CHI		皮尔	PIR
	芝加哥 （中途机场）	MDW		匹兹堡	PIT
	芝加哥 （奥黑尔国际机场）	ORD		波特兰 （缅因州）	PWM
	辛辛那提	CVG		普罗维登斯	PVD
	克利夫兰	CLE		罗利	RDU
	哥伦布 （俄亥俄州）	CMH		拉皮德城	RAP
	哥伦布 （佐治亚州）	CSG		莱茵兰德	RHI
				里士满	RIC
	哥伦布 （密西西比州）	GTR/UBS		罗阿诺克	ROA
				罗切斯特 （纽约州）	ROC
	达拉斯/沃斯堡	DFW		罗切斯特 （明尼苏达州）	RST
	戴顿	DAY			
	德梅因	DSM		罗克福德	RFD
	底特律	DTW/DTT		贝城/米德兰/ 萨吉诺	MBS
	多森	DHN		圣安敦	SAT
	迪比克	DBQ		什里夫波特	SHV
	德卢斯	DLH		苏城	SUX
	欧克莱尔	EAU		苏福尔斯	FSD
	伊利	ERI		南本德	SBN
	华盛顿 （里根国家机场）	DCA		斯普林菲尔德 （马萨诸塞州）	SFY
	华盛顿 （杜勒斯机场）	IAD		斯普林菲尔德 （密苏里州）	SGF
	滑铁卢	ALO		斯泰特科利奇	SCE
	沃特敦	ATY		圣克劳德	STC

续表

所在国家	城市	三字代码	所在国家	城市	三字代码
美国	莫西尼	CWA	安提瓜和巴布达		
	西棕榈滩	PBI	巴巴多斯	布里奇顿	BGI
	怀特普莱恩斯	HPN	巴哈马	拿骚	NAS
	韦斯特切斯特	HPN	巴拿马	巴拿马城	PTY
	威奇塔/福尔斯	ICT	伯利兹	贝尔莫潘	BCV
	沙伦（宾夕法尼亚州）	YNG	尼加拉瓜	马那瓜	MGA
	沃伦（俄亥俄州）	YNG	萨尔瓦多	圣萨尔瓦多	SAL
	扬斯敦	YNG	圣基次和尼维斯		
	圣路易斯	STL	圣卢西亚		
	苏必利尔	SUW/DLH	圣文生特和格林纳丁斯		
	锡拉丘兹	SYR	墨西哥	墨西哥城	MEX
	坦帕	TPA		阿卡普尔科	ACA
	锡夫里弗福尔斯	TVF		瓜达拉哈拉	GDL
	托莱多	TOL		蒙特雷	MTY
	特拉弗斯	TVC		墨西卡利	MXL
	塔尔萨	TUL		蒂华纳	TIJ
	图珀洛	TUP		来昂	LEN
加拿大	温哥华	YVR	古巴	哈瓦那	HAV
	维多利亚	YYJ	格林纳达		
	卡尔加里	YYC	海地	太子港	PAP
	埃德蒙顿	YEG	特尼达和多巴哥	西班牙港（首都）/特利尼达	POS
	萨斯卡通	YXE			
	里贾纳	YQR	危地马拉	危地马拉	GUA
	温尼伯	YYG	牙买加	金斯敦	KIN
	桑德贝	YQT	开罗群岛	乔治敦	ASI
	多伦多	YYZ	瓜德罗普岛（法属，加勒比）	巴斯特尔	BBR
	渥太华	YOW			
	蒙特利尔	YUL			
	哈里法克斯	YHZ			

续表

所在国家	城市	三字代码	所在国家	城市	三字代码
加拿大	圣约翰斯	YYT	洪都拉斯	特古西加尔巴	TGU
	圣约翰	YSJ			
	温莎	YQG	多米尼加	圣多明各	SDQ
	伦敦	YXV			
	魁北克	YQB			
	弗雷德里克顿	YFC	多米尼克	罗索	ROX
	坎卢普斯	YKA			
	纳奈莫	YCD			
	基洛纳	YLW	哥斯达黎加	圣何塞	SJO
	乔治王子城	YXS			

附录9　大洋洲主要城市三字代码

所在国家	城市	三字代码	所在国家	城市	三字代码
澳大利亚	悉尼	SYD	斐济群岛	苏瓦	SUV
	墨尔本	MEL		楠迪	NAN
	堪培拉	CBR	新喀里多尼亚（太平洋）	努美阿	NOU
	布里斯班	BNE			
	黄金海岸	OOL	西萨摩亚（太平洋）	阿皮亚	APW
	阿德莱德	ADL	基里巴斯	塔拉瓦	TRW
	珀斯	PER	马绍尔群岛	马朱罗	MAJ
	凯恩斯	CNS	密克罗尼西亚联邦	帕利基尔	
	达尔文	DRW	瑙鲁	瑙鲁岛	INU
	霍巴特	HBA	帕劳	科罗尔	ROR
	珀斯	PER	美属萨摩亚	帕果帕果	PPG
	奥尔伯尼	ABX	所罗门群岛	霍尼亚拉	HIR
	纽卡斯尔	NTL	图瓦卢	富纳富蒂	FUN
新西兰	奥克兰	AKL	汤加	瓦瓦乌（群岛）	VAV
	惠灵顿	WLG	塔希提	帕皮提	PPT
	基督城	CHC	瓦努阿图		
巴布亚新几内亚	莫尔兹比港	POM	马克萨斯群岛（玻利）	努库希瓦（岛）	NHV
			土阿莫土群岛	努库塔瓦克（岛）	NUK

附录10　非洲主要城市三字代码

所在国家	城市	三字代码	所在国家	城市	三字代码
阿尔及利亚	阿尔及尔	ALG	马里	巴马科	BKO
埃及	开罗	CAI	毛里塔尼亚	努瓦克肖特	NKC
埃塞俄比亚	亚的斯亚贝巴	ADD	毛里求斯	毛里求斯	MRU
安哥拉	罗安达	LAD	摩洛哥	拉巴特	RBA
贝宁	科托努	COO		卡萨布兰卡	CAS
博茨瓦纳	哈博罗内	GBE	莫桑比克	马普托	MPM
布基纳法索	瓦加杜古	OVA	纳米比亚	温得和克	WDH
布隆迪	布琼布拉	BJM	利比里亚	蒙罗维亚	MLW
赤道几内亚	马拉博	SSG	利比亚	的梨波里	TIP
	圣多美	TMS	南非	约翰内斯堡	JNB
多哥	洛美	LFW		开普敦	CPT
厄立特里亚	阿斯马拉	ASM		比勒陀利亚	PRY
佛得角	普腊亚	RAI	尼日尔	尼亚美	NIM
冈比亚	玨珠尔	BJL	尼日利亚	阿布贾	ABV
刚果	布拉柴维尔	BZV		拉各斯	LOS
刚果民主共和国	金沙萨	FIH		卡诺	KAN
吉布提	吉布提	JIB	塞拉利昂	弗里敦	FNA
几内亚	科纳克里	CKY	塞内加尔	达喀尔	DKR
几内亚比绍	比绍	OXB	塞舌尔		
加纳	阿克拉	ACC	圣多美和普林西比	圣多美	TMS
加蓬	利伯维尔	LBV	斯威士兰	母巴巴内	QMN

续表

所在国家	城市	三字代码	所在国家	城市	三字代码
津巴布韦	哈拉雷	HRE	苏丹	喀土穆	KRT
	维多利亚瀑布	VFA	索马里	摩加迪沙	MQS
喀麦隆	雅温得	YAO	坦桑尼亚	达累斯萨拉姆	DAR
	杜阿拉	DLA	突尼斯	突尼斯	TUN
科特迪瓦	亚穆苏克罗	ASK	乌干达	坎帕拉	KLA
	阿比让	ABJ	赞比亚	卢萨卡	LUN
肯尼亚	内罗毕	NBO	乍得	恩贾梅纳	NDJ
	蒙巴萨	MBA	中非	班吉	BGF
卢旺达	基加利	KGL	布隆迪	布琼布拉	BJM
马达加斯加	塔那那利佛	TNR	莱索托	马塞卢	MSU
马拉维	利隆圭	LLW	科摩罗	莫罗尼	YVA

参考文献

1. 中国民航 BSP 代理人培训资料
2. ETERM 操作手册
3. 中国民用航空安全检查规则
4. 辜英智,邓红军. 民航客票销售实务. 四川大学出版社,2011.
5. www.baidu.com 百度相关知识网站

参考文献